Häusliche Gewalt

Nathalie Sabas

Häusliche Gewalt

Grundwissen,
Handlungsmöglichkeiten
und Praxistipps

 Springer

Nathalie Sabas
Solingen, Deutschland

ISBN 978-3-658-44150-0   ISBN 978-3-658-44151-7 (eBook)
https://doi.org/10.1007/978-3-658-44151-7

Die Deutsche Nationalbibliothek verzeichnet diese Publikation in der Deutschen Nationalbibliografie; detaillierte bibliografische Daten sind im Internet über https://portal.dnb.de abrufbar.

Aggressive Menschen befinden sich vor allem im Krieg mit sich selbst.

Rupert Schützbach

Häusliche Gewalt gab es schon immer, und egal wie viel es ist, es ist immer zu viel.

Nathalie Sabas

Vorwort

Schläge und Erniedrigungen als Liebesbeweis? Dieser Mythos scheint in unterschiedlichen Ländern fest verankert zu sein – auch in Deutschland. Gewalt hat viele grausame Gesichter und muss zwingend als „moderne" soziale Problematik anerkannt werden. Wenn der Schutzraum Familie zum Tatort wird, sind Eltern in erster Linie verpflichtet zu handeln. Viele von Gewalt betroffene Menschen haben Kinder, die diese erschütternde Gewalt mit ansehen oder mit anhören müssen. Die Systemschwächsten sind der gewaltgeprägten Atmosphäre zwischen ihren geliebten Eltern hochgradig ausgeliefert, mit verheerenden (Langzeit)-Folgen, auch wenn sie nicht selbst Ziel von Gewalt sind. Lange Zeit wurden die gravierenden Auswirkungen erlebter Gewalt aus der Perspektive der Kinder verschwiegen. Praxisbeispiele und herzergreifenden Aussagen von betroffenen Frauen und ihren Kindern aus bringen in diesem Sachbuch beachtlich nahe, was es u. a. bedeutet wenn Kinder und Jugendliche ihre geliebte Mutter am nächsten Tag mit Hämatomen überseht lächelnd am Tisch sitzen sehen oder neue Wege gehen müssen, um den Tatort Familie zu verlassen. Wer liebt der schlägt nicht. Die Wahrheit der Familientragödie wird bewusst verleugnet. Diese gewaltvolle Dynamik hinterlässt Spuren, die sich in einen dramatischen Entwicklungskreislauf verketten können. Darüber hinaus erhalten Sie eine sorgfältige und ehrliche Offenbarung in der Herangehensweise des Wächteramtes in Bezug auf das dunkle Verbrechen, als auch über die Institution Frauenhaus, die als „Zuhause auf Zeit" – ein hoffnungsvolles Licht in der schweren Zeit ist, sodass die Gewaltspirale durchbricht, und somit eines Tages eine erfüllte und liebevolle Partnerschaft gelebt werden kann – auch im Hinblick auf die *„Sterne unserer Zeit"* – unsere Kinder.

Danksagung

Dieses Buch ist unter anderem eine Danksagung für alle Frauen, die eine enorme Kraft aufwenden mussten, um auf den Lichtweg ihres Lebens zurückzukehren – und zahlreichen betroffenen Frauen und Kindern durch ihren Mut, Hoffnung geben, sich ebenfalls aus der Gewalt lösen zu können.

Inhaltsverzeichnis

Abkürzungsverzeichnis

Abb.	Abbildung
Art.	Artikel
Aufl.	Auflage
Bd.	Band
BGB	Bürgerliches Gesetzbuch
bzw.	beziehungsweise
et al.	und andere
etc.	et cetera (etc.) (lat.: »und so weiter«)
FamFG	Gesetz über das Verfahren in Familiensachen und in den Angelegenheiten der freiwilligen Gerichtsbarkeit
Hrsg.	Herausgeber
Jh.	Jahrhundert
S.	Seite
SGB	VIII Sozialgesetzbuch VIII
u. a.	unter anderem
usw.	und so weiter
u. v. m.	und vieles mehr
u. U.	unter Umständen
vgl.	vergleiche
z. T.	zum Teil
zit. n.	zitiert nach

Tatort Familie

1

„Jeder hat das Recht auf Leben und körperliche Unversehrtheit." (Art. 2 Grundgesetz)

Liebevoll unterstelle ich allen, dass sie ihren Kindern aus dem Tiefsten ihres Herzens gute Eltern sein wollen. Niemand wird als Täter geboren. Schutz, Zuwendung, Orientierung etc. sind nur einige der wenigen Bedürfnisse, nach denen sich ein Kind sehnt. Wenn wir uns für einen kurzen Augenblick in die letzte Auseinandersetzung mit unserem*unserer Partner*in hineinfühlen, kommen vielleicht gerade bei dem Gedanken mulmige Gefühle hervor. In zahlreichen Familien wird es auch einmal laut, das Gefühl der Wut gelangt an die Oberfläche, oder es wird sogar die Flucht ergriffen, um ein wenig zur Ruhe zu kommen. Das ist insoweit in Ordnung, solange es zwischen den Eltern fair bleibt und das Kind erlebt, wie seine Eltern sich wieder liebevoll versöhnen. Es ist von großer Bedeutung, dass Kinder eine *gesunden Streitkultur* ihrer geliebten Eltern erleben, denn nur so können sie innerhalb ihrer eigenen Beziehungen, auch im Erwachsenenalter, für ein gesundes Miteinander sorgen.

„Mama und Papa streiten manchmal miteinander, z. B. über den Einkauf oder wer die Wäsche in den Schrank räumen muss. Aber dann vertragen sie sich wieder. Das ist schön. Mama pickst dann Papa nach dem Streit in die Seite. Papa lacht und küsst Mama auf die Stirn." (Lena, 10 Jahre).

Hand aufs Herz: Taktlosigkeit, verbale Kränkungen und Gemeinheiten kommen in beinahe jeder Familie gelegentlich vor, – eigentlich ist es fast unvermeidlich. Gesunde Gemüter entschuldigen sich für diese emotionalen Entgleisungen und die Bemühungen sind groß, diese Verhaltensweisen zu vermeiden. Das Geheimnis liegt hier in der Selbstreflexion des eigenes Verhaltens *beider Parteien*. In jeder

© Der/die Autor(en), exklusiv lizenziert an Springer Fachmedien Wiesbaden GmbH, ein Teil von Springer Nature 2024
N. Sabas, *Häusliche Gewalt*, https://doi.org/10.1007/978-3-658-44151-7_1

Beziehung kommt es manchmal zu Meinungsverschiedenheiten und Konflikten. Ein Streit ist eine normale menschliche Art, Konflikte auszutragen und gemeinsam zu lösen.

Doch in einigen Familie enden Streitigkeiten in Gewalt, mit Verletzungen, die der Seele für immer in Erinnerung bleiben. Niemand hat das Recht, seiner Wut mit Faustschlägen oder Erniedrigungen Luft zu machen, seine persönlichen Interessen mit Grausamkeiten durchzusetzen. (vgl. Buskotte, 2007).

Der erste Schlag ist geschehen, der zweite und dritte folgen unmittelbar. Nach einer „Ruhephase", vielleicht ein paar Wochen später, der erneute physische und psychische Gewaltakt. Das „Eis des Verbrechens" scheint gebrochen, von nun an gehören diese Grausamkeiten zum festen Bestandteil des Alltags vieler Frauen. Gewalt hat viele Gesichter und Erscheinungsformen, deren Übergänge fließend sind. Häusliche Gewalt in Familie und Partnerschaft ist kein Einzelschicksal. Gerade in der eigentlich vertrauensvollen Umgebung entstehen Höllenqualen. Die eigenen Kinder werden entweder selbst Opfer oder Zeugen dieser Brutalität ihrer geliebten Eltern. Häusliche Gewalt in der Familie existiert in allen gesellschaftlichen Schichten und betrifft alle Bildungs- und Einkommensschichten, Altersgruppen, Nationalitäten, Religionen und Kulturen gleichermaßen. Vieles, was hinter verschlossenen Türen geschieht, bleibt im Dunkeln.

Gewalt in Beziehungen bedeutet, dass der Ort, der eigentlich Liebe, Achtsamkeit, Zuwendung und Geborgenheit geben soll, ein Ort der Angst und Unsicherheit wird. Der *Schutzraum Familie* ist längst nicht mehr derselbe, denn er wurde zum Tatort. Wo Harmonie einst gelebt wurde, übernimmt das Grauen der Gewalt überhand. Dieser Gedanke allein ist nur schwer zu ertragen, v. a. auch dann, wenn Kinder im Haushalt leben oder eines im Mutterleib heranwächst.

Auch Männer sind jahrelanger Gewalt im eigenen Haushalt ausgesetzt. Allerdings ist es eine ganz persönliche Herzensentscheidung, den Fokus in diesem Buch auf betroffene Frauen zu legen. Ihre Geschichten, als auch die ihrer Kinder, haben mein Herz zutiefst ergriffen. Ich sah zu, wie die körperlichen Wunden heilten und der innere Schmerz nach seelischer Ruhe schrie. Und doch hoffe ich, dass auch Männer, denen unfassbares Leid angetan wird oder wurde, in diesem Buch hilfreiche Informationen finden, um sich aus der Gewalt zu befreien und den Schmerz heilen zu lassen.

Wenn wir uns die aktuellen Zahlen des Bundeskriminalamtes (BKA) ansehen, wird v. a. eines sehr deutlich: Partnerschaftsgewalt in Deutschland bleibt auf hohem Niveau. Im Jahr 2022 gab es mehr als 143.000 Opfer von häuslicher Gewalt, 80 % davon Frauen. In den vergangenen 5 Jahren sind die Opferzahlen um insgesamt 3,4 % angestiegen. Allerdings können wir von einer erheblichen Dunkelziffer ausgehen.

Bundesfamilienministerin Lisa Paus bringt es exakt auf den Punkt:

„Fast jeden dritten Tag wird eine Frau von ihrem derzeitigen oder ehemaligen Partner getötet. Diese Verbrechen werden oft als ‚Beziehungstaten' bezeichnet, aber diese Frauen müssen sterben, weil Männer ihre Macht, ihre Kontrolle über die Frauen behalten wollen, oder es nicht ertragen können, sie zu verlieren."

Zahlreiche Opfer schaffen es aus ihrer Ohnmacht nicht heraus. Wir alle sollten es uns als Kernaufgabe machen, diese Dunkelziffer mehr zu beleuchten, damit Betroffene und ihre Kinder weitreichenden Schutz erhalten. Doch warum wird gerade der Schutzraum Familie zum Tatort? Physische und psychische Gewalt in Familiensystemen ist ein Ausdruck vielfältiger Belastungen und Krisen, auf die ich später näher eingehen werde. Bei häuslicher Gewalt gibt es verschiedenste Tatpersonenkonstellationen, sodass häusliche Gewalt ebenfalls auch in weiteren Beziehungen auftreten kann, z. B. zwischen Geschwistern oder anderen Verwandten und Personen derselben Generation, die im Haushalt leben. In Familien hat Angst nichts zu suchen. Doch in zahlreichen Haushalten ist die größte Gefahr der Frau der eigene Mann.

1.1 Definition von häuslicher Gewalt

„… Und sind wir unserer Aggressionen wegen zum Untergang verurteilt? Wir alle wollen ja den Frieden. Gibt es denn da keine Möglichkeit, uns zu ändern, ehe es zu spät ist? Könnten wir es nicht vielleicht lernen, auf Gewalt zu verzichten? Könnten wir nicht versuchen, eine ganz neue Art Mensch zu werden? Wie aber sollte das geschehen, und wo sollte man anfangen? Ich glaube, wir müssen von Grund auf beginnen. Bei den Kindern." (Astrid Lindgrens Rede anlässlich der Verleihung des Friedenspreises des Deutschen Buchhandels, 1978)

Ein blaues Auge, eine aufgeplatzte Lippe oder Prellungen zeigen sehr deutlich, dass jemand gezielt zugeschlagen hat. Seelische Grausamkeiten zeigen keine sichtbaren Verletzungen. Diese Ebene der unsichtbaren, schmerzhaften Blessuren ist etwas „Gefühltes".

Lässt sich häusliche Gewalt also über die folgende Fragestellung definieren? *„Gewalt ist das, was das Opfer als Gewalt empfindet?"* Juristisch gesehen, liegt Gewalt vor, wenn der Körper, die Gesundheit und die Freiheit eines Menschen verletzt werden, – das lässt sich aus dem *Gewaltschutzgesetz,* aber auch aus dem *Grundgesetz* ableiten. Des Weiteren sind sich die Experten der Sozialwissenschaft und der Psychologie einig und ergänzen, dass Gewalt die Ausübung von Zwang und Macht ist, mit der Absicht, einen anderen Menschen zu unterdrücken oder ihn zu verletzen.

„Gewalttätig handelt der Mensch, der seinen eigenen Willen gegen den Willen des anderen mit aller Macht und gewaltvollem Vergnügen durchsetzt." (Nathalie Sabas)

Häusliche Gewalt umfasst alle Formen körperlicher, sexueller, psychischer
oder wirtschaftlicher Gewalt an Personen jeden Geschlechts und Alters. Das un-
vorhersehbare Grauen findet meist innerhalb des Familiensystems oder in einer
partnerschaftlichen Beziehung im gemeinsamen Haushalt statt. Allerdings wird
auch von häuslicher Gewalt gesprochen, wenn sie unabhängig von einem gemeinsamen Haushalt innerhalb der Familie oder in aktuellen oder ehemaligen
Partnerschaften geschieht (z. B. Übergriffe auf der Straße, im Geschäft etc.).
Bei häuslicher Gewalt geht es immer um (Gewalt-)Straftaten, die fast ausschließlich von Männern in engeren, bestehenden oder ehemaligen Beziehungen
zu Frauen ausgeübt werden und überwiegend im vermeintlichen Schutzraum der
eigenen vier Wände, also „zu Hause" stattfinden. Häusliche Gewalt (auch beobachtete Gewalttaten) bedeutet eine Gefährdung des Kindeswohls. Ebenso haben
die Polizeibehörde und die Justiz sich auf folgende gemeinsame Definition
geeinigt:
Häusliche Gewalt bezeichnet (unabhängig vom Tatort/auch ohne gemeinsamen
Wohnsitz) (Gewalt-)Straftaten zwischen Personen

• in einer partnerschaftlichen Beziehung,
• die derzeit besteht,
• die sich in Auflösung befindet oder
• die aufgelöst ist, oder die
• in einem Angehörigenverhältnis zueinanderstehen, soweit es sich nicht um
  Straftaten zum Nachteil von Kindern handelt.

In allen Fällen häuslicher Gewalt rechnet die Polizei auch immer mit einer
Eigengefährdung und gibt bei ihren Einsätzen darauf besonders acht. Darüber
hinaus handelt es sich häufig, aber nicht ausschließlich um generationenüber-
greifende Gewalt (vgl. bmfsfj, 2022a). Es liegt sehr nahe, dass Personen, die toxische
Beziehungsmuster erlebt haben, diese schematisch fortführen. Es scheint für die
Personengruppe „normal" zu sein, hin und wieder zuzuschlagen, wenn nicht nach
„ihrem Sinne gespurt wird", weil sie es nicht anders kennengelernt haben. Eine soziale Problematik, die beim Wegsehen der Gesellschaft kontinuierlich fortgeführt
wird. Die erlebten Gewaltmuster zeigen sich insbesondere im Zusammensein mit
anderen Menschen. Beginnend in der Kindertagesstätte, dann in der Schule, später
im familialen Beziehungsgefüge. Diese Orte werden zum Schauplatz von Macht-
demonstrationen.

Häusliche Gewalt zwischen Beziehungspartnern*innen kann auch in Kombination auftreten. Diese Verstrickungen sind für das Hilfesystem nur bedingt zu durchschauen. Es kann sein, dass gewaltausübende Personen gegenüber mehreren Familienmitgliedern und Personen im Haushalt gewalttätig sind. Eine Person kann Opfer mehrerer Tatpersonen sein. Zudem ist es nicht selten, dass eine Person gleichzeitig Opfer und Tatperson innerhalb eines Familiensystems wird. Gewalt als „menschliche Ausdrucksform", insbesondere in Konfliktsituationen, hat es immer schon gegeben. Entscheidend ist, welche Ventile jedem*jeder Einzelnen von uns bei der Bewältigung von schwierigen Lebenssituationen zur Verfügung stehen.

1.2   Formen und Ausmaß der Gewalt in der Familie

„Mit einem geschwollenen Gesicht, sah ich meinen Mann mit unserem Kind im Garten spielen. Sie lachten. Ich konnte ihm doch nicht sein Kind wegnehmen ..." (Maria, 26 Jahre).

Beziehungen, in denen Gewalt ausgeübt wird, unterliegen häufig einer Eigendynamik, die immer einem ganz bestimmten Muster folgt. Gewalt hat viele Gesichter und nicht alle Facetten sind direkt auf den ersten Blick zu erkennen. Charakteristisch ist dabei, dass sich die körperlichen Übergriffe und seelischen Attacken nach der akuten Gefährdungslage zunächst beruhigen. Daraufhin empfindet der Gewaltausübende in zahlreichen Fällen Reue. Allerdings hört die Gewalt nicht auf. Ganz im Gegenteil. Die Schwere der Gewalt spitzt sich zunehmend zu. Aufgrund der Ruhephasen und aktiven Gewaltphasen gelangt das Opfer tiefer in die für sich empfundene Ausweglosigkeit. Gewalttätigkeiten sind eingebettet in einen Kreislauf aus Spannungsaufbau, Gewalteskalation und Reue, der sich stets wiederholt. Diese Tatsache und zahlreiche andere Faktoren, wie z. B. das Stockholm-Syndrom, erschweren es Frauen mit ihren Kindern, den gewalttätigen Mann zu verlassen.

Unsere „Sterne dieser Zeit", die Kinder, sind immer die Leidtragenden, wenn sie die häuslichen Grausamkeiten zwischen ihren geliebten Bezugspersonen erfahren und beobachten. Was auch immer zwischen ihren Eltern geschieht, sie lieben immer beide Elternteile und wünschen sich nichts sehnlicher als Harmonie und Liebe. Kinder lernen in ihrer Familie Gewalt als Konfliktlösungsmuster kennen. Diese Kinder neigen dann oft dazu, später selbst gewalttätig oder Opfer von Partnerschaftsgewalt zu werden. Der Kreislauf der häuslichen Gewalt bleibt somit generationsübergreifend fortbestehen.

Während meiner langjährigen Arbeit im Jugendamt ist mir aufgefallen, dass einigen Eltern keineswegs bewusst ist, dass sie ihre Gewaltstrukturen an ihre

Kinder weitergeben. Gerne möchte ich Ihnen am folgenden Fall, die Unwissenheit der Familie darstellen:

Der Kindesvater saß breitbeinig und selbstsicher im Sessel meines Büros. Seine Ehefrau wirkte schüchtern und hielt sich sehr bedeckt. Als ich die von der Polizei gemeldete häusliche Gewalt ansprach, wirkte Herr T. kühl, während seine Ehefrau den Tränen nah war und immer wieder zu Boden blickte. Ihre beiden Kindern, 4 und 6 Jahre alt wurden während des Gesprächs von meiner Kollegin betreut. Dann sprach ich den Kindesvater direkt auf den Gewaltakt gegenüber seiner Ehefrau an. Er räusperte sich und sagte: *„In meiner Kultur werden Frauen geschlagen. Ich bin mir keiner Schuld bewusst."* Als die Worte ausgesprochen waren, weinte seine Ehefrau bitterlich. Auf Nachfrage, ob die Kindesmutter dazu etwas sagen möchte, vergingen einige Sekunden. Dann antwortete sie: *„Ich will meinem Mann eine gute Frau sein. Kochen, putzen. Ich bin schuld, wenn er mich schlägt, denn manchmal ist er sehr gestresst von der Arbeit und ich habe das Essen aus seiner Sicht versalzen."*

Gewalt, die von einem Partner ausgeübt wird, ist zu Beginn für die Frauen in den allermeisten Fällen als solche nicht wahrnehmbar. Mit der Zeit entwickelt sich jedoch eine familiäre Atmosphäre der Anspannung, Angst und Bedrohung. Eskalationen von Gewalt werden häufig durch banale Anlässe ausgelöst, durch einen Streit, bei dem der Gewaltausübende die Kontrolle über die Situation durch Gewalt sichern will. Darauf folgen häufig Entschuldigungen und Reueerklärungen. Der Partner verspricht, dass es sich um einen außerordentlichen, einmaligen Vorfall gehandelt hat und dass es nicht wieder vorkommen werde. Zu diesem Zeitpunkt beginnt oftmals eine Phase verstärkter Aufmerksamkeit mit Geschenken u. ä. Die betroffene Frau und der Täter verhalten sich so, als wäre nichts geschehen. Bei den Kindern entsteht ein liebevolles Familienbild, das allerdings verzerrt ist.

Die betroffene Frau und ihre Kinder hoffen, dass sich die Gewalteskalation nicht wiederholt. Die Kindesmutter versucht, ihr Verhalten anzupassen, um die *Spannung auf Paarebene* im niedrigen Level zu halten. Vor sich selbst verharmlost sie ihre emotionale Belastung und die gefährliche Situation, vor anderen verheimlicht sie diese, sogar vor ihren Vertrauten. Erst mit der Zeit bemerkt die Kindesmutter, dass sie das immer stärker werdende, gewalttätige Verhalten ihres Partners nicht beeinflussen und kontrollieren kann, auch wenn sie versucht, Situationen im Spannungsfeld zu verhindern, um Gewaltausbrüche zu vermeiden. Dieses Bemühen stellt sich als Illusion heraus: Der Zyklus der Gewalt hat begonnen, die Gewalteskalationen ereignen sich immer öfter und werden gefährlicher. Die Betroffene befindet sich in einem Dauerzustand von Unsicherheit, Angst und Belastung. Diese Gefühle kann die Mutter vor ihren Kindern nicht fernhalten. Insbesondere gefühlsstarke Kinder nehmen mit allen Sinnen das familiäre Lebenskonstrukt stark wahr. Bereits eine kleine Abweichung von der Alltagsroutine wird manchmal sogar als

„Bedrohung" erlebt und entsprechend mit starken Gefühlsausbrüchen gezeigt. Die emotionale Belastung der Kindesmutter spitzt sich zu. Für die Kinder ist aus ihrer Sicht plötzlich „alles anders", was sie sich nicht erklären können. In den meisten Fällen ist die Kindesmutter nicht in der Lage, ihre Kinder emotional zu stabilisieren, weil sie zu sehr mit ihren eigenen Gefühlen beschäftigt ist.

Häusliche Gewalt manifestiert sich in unterschiedlichen *Gewaltformen*: körperliche, seelische, sexuelle und ökonomische bzw. finanzielle Gewalt. Diese Einteilung ist theoretisch anzuerkennen, denn in der Realität gibt es keine klare Abgrenzung. Die Gewaltformen vermischen sich häufig miteinander. Doch die Eingruppierung hilft uns, zu verstehen, wie facettenreich häusliche Gewalt sein kann. Die verschiedenen Gewaltformen können angedroht oder ausgeübt werden. Sie können während des Zusammen- und des Getrenntlebens auftreten. In der Forschung zu Gewalt und häuslicher Gewalt existiert keine einheitliche oder allgemeingültige Kategorisierung der Gewaltformen und Gewalthandlungen. Die Istanbul-Konvention unterscheidet bei der häuslichen Gewalt gegenüber Kindern und Erwachsenen zwischen

- *körperlicher, sexueller, psychischer, wirtschaftlicher Gewalt,*
- *Verstümmelung weiblicher Genitalien,*
- *Zwangsabtreibung/-sterilisation,*
- *Stalking, Zwangsheirat,*

die im Kontext von Familien- und Verwandtschaftsbeziehungen auftreten oder auftreten können.

Im Folgenden möchte ich näher auf die einzelnen Gewaltformen eingehen:

Istanbul-Konvention

Die Istanbul-Konvention des Europarats ist das internationale Abkommen zur Bekämpfung geschlechtsspezifischer Gewalt gegen Frauen und Mädchen.

Sie definiert Gewalt gegen Frauen und Mädchen als Menschenrechtsverletzung und als Zeichen der Ungleichstellung von Frauen und Männern.

Seit Februar 2018 ist die Konvention in Deutschland geltendes Recht und gibt starke Impulse für die Bekämpfung von Gewalt gegen Frauen und Mädchen auf allen staatlichen Ebenen (vgl. Frauenhauskoordinierung e.V., 2023).

Physische Gewalt
Körperliche Gewalt reicht von Tätlichkeiten, über Drohungen bis hin zu versuchten oder vollendeten Tötungsdelikten. Sie umfasst Gewalthandlungen wie Ohrfeigen, Stoßen, Treten oder hart Anfassen, Beißen und Kratzen, Nachwerfen von Gegenständen, Schlagen mit und ohne Gegenstände, Faustschläge, Verprügeln, Würgen, Drohungen, jemanden zu verletzen oder umzubringen, Einsperren oder Fesseln.

Sexuelle Gewalt
Sexuelle Gewalt reicht von sexueller Belästigung, über sexuelle Nötigung bis hin zu Vergewaltigung. Sexuelle Belästigung umfasst Gewalthandlungen wie aufdringliches zu Nahekommen, sexuell anzügliche Sprüche, unerwünschte Berührungen oder Küsse, Belästigung durch Entblößen oder das Zeigen von pornografischen Bildern und Filmen. Sexuelle Gewalt beinhaltet Gewalthandlungen wie ungewollte Berührungen im Intimbereich, Zwang zu sexuellen Handlungen mit einer Person oder mit Drittpersonen, versuchte oder ausgeführte Vergewaltigung.

Psychische Gewalt
Psychische Gewalt umfasst Gewalthandlungen wie Beleidigungen, Einschüchterungen oder Anschreien, Abwertungen und Demütigungen, Erzeugung von Schuldgefühlen, eifersüchtiges Verhalten oder psychischer Terror. Auch das Zerstören von Gegenständen oder Quälen von Haustieren der Opfer zählt zu psychischer Gewalt. Als Ausdrucksform psychischer Gewalt werden in der Forschung auch soziale und ökonomische Gewalt betrachtet:

* Soziale Gewalt umfasst Gewalthandlungen zur Einschränkung des sozialen Lebens, wie das Verbot oder die Kontrolle von Familien- und Außenkontakten.
* Ökonomische Gewalt beinhaltet Gewalthandlungen wie Arbeitsverbot oder Zwang zur Arbeit, weitere Handlungen wie finanzielle Kontrolle, Eingrenzung der oder Verfügung über die finanziellen Ressourcen sowie finanzielle Ausbeutung einer Person.

Stalking
Stalking ist ein Gewaltverhalten, welches häufig, aber nicht ausschließlich, im Kontext von Partnerschaftsbeziehungen auftritt, insbesondere in Trennungssituationen. Die Opfer von Stalking werden durch die Gewalthandlungen auf psychischer, körperlicher und/oder sozialer Ebene bedroht oder beeinträchtigt. Stalking kann Handlungen umfassen, die alleine für sich betrachtet harmlos erscheinen, aber durch ihre Kombination, ihre Frequenz und ihr Andauern über die Zeit bedrohlich sind. Darüber hinaus umfasst Stalking auch Gewalthandlungen wie

Drohungen, Tätlichkeiten bis hin zu schweren körperlichen und sexuellen Übergriffen und Tötungsdelikten.

Zwangsheirat und Zwangsehe
Zwangsheirat und Zwangsehe können auch als häusliche Gewalt verstanden werden. Bei einer Zwangsheirat werden erwachsene oder minderjährige Personen durch das familiäre und soziale Umfeld gezwungen, eine Ehe einzugehen. Die Eheschließung kann dabei gegen den Willen einer oder beider Personen erzwungen werden. Der familiäre und soziale Druck kann auch ausgeübt werden, wenn es darum geht, die Ehe aufrechtzuerhalten. Hier wird von einer Zwangsehe gesprochen. Die vom familiären und sozialen Umfeld ausgeübten Gewalthandlungen können übermäßige Kontrolle, Drohungen, emotionale Erpressung, körperliche Gewalt oder andere Formen erniedrigender Behandlung beinhalten (vgl. Istanbul-Konvention/Bundesministerium für Familie, Senioren und Jugend, 2022).

1.2.1 Seelische Grausamkeit

„Ein Mensch kann einen anderen tatsächlich durch fortgesetztes seelisches Quälen vernichten, was man mit Fug und Recht ‚psychischen Mord' nennen kann." (Hirigoyen 2002, S. 9)

Während körperliche Gewalt auf den Körper des Opfers zielt, erfahren geschädigte Personen in der Klassifizierung psychischer (seelischer, emotionaler) Gewalt einen erheblichen Angriff auf die Gefühle, Gedanken; die innerste Verwundbarkeit eines Menschen. Psychische Gewalt ist ein Angriff auf die Selbstsicherheit und das Selbstbewusstsein eines jeden Menschen. Wer psychische Gewalt ausübt, will seinen „Auserwählten" erniedrigen, demütigen, verstören und/oder verängstigen. Dabei spielt immer Macht und Kontrolle eine zentrale Rolle.

Psychische Gewalt ist vielmehr ein zielgerichtetes, über einen längeren Zeitraum andauerndes, seelisches Quälen. Immer wieder attackiert der Angreifer das

Seelische Grausamkeit
Häusliche Gewalt wird v. a. mit körperlichen Verletzungen assoziiert. In der Familie beginnt die Gewalt jedoch selten mit körperlichen Übergriffen. Psychische Gewalt ist nicht eindeutig, niemand sieht die Verletzungen. Seelische Grausamkeiten werden verdeckt ausgeübt. Die Täter manipulieren, handeln offen oder passiv-aggressiv.

Vor den ersten Schlägen sind die Betroffenen meist schon über Monate oder sogar Jahre hinweg psychischer Gewalt ausgesetzt. Den Kindesmüttern ist häufig nicht bewusst, dass das Erlebte als Gewalt zu bewerten ist. Sie halten es für eine vorübergehende Phase, weil der Partner derzeit z. B. enormen Stress auf der Arbeit habe, oder der Kindesvater nicht genug Schlaf hätte, bspw. Zahnen des Säuglings u. ä.

Opfer mit Erniedrigungen, Abwertungen, Schuldzuweisungen, Unterstellungen oder aber auch mit gezielter Ignoranz, Liebesentzug und/oder Kontaktverweigerung. Zudem versucht der Täter auf unterschiedlichen Gewaltebenen, kontinuierliche Kontrolle über das Opfer auszuüben, bedroht es oder setzt es unter Druck. Mit eines der obersten Ziele des Täters ist es, sein Opfer systematisch und fortschreitend zu isolieren, bis die Frau sich schließlich völlig z. B. von der eigenen Familie und Freuden abwendet. Für den Täter ist diese Situation eine absolute Genugtuung, denn „*dann hatte er freies Spiel mit mir zu machen, was er wollte …*" (zit. Betroffene, 22 J.).

Der Täter behindert seine „Auserwählte" im Alltag und demonstriert in Alltagssituationen ständig seine Macht. Einige Gewalttäter machen sich über ihre Partnerin in der Öffentlichkeit lustig, während andere sich bei familiären Feierlichkeiten von der besten Seite zeigen und sich vor ihnen als liebevoller Partner und Vater aufführen. Wenn dann die Haustüre ins Schloss fällt, zeigen sie ihr „wahres Gesicht". Manchmal schürt der Gewaltbereite allerdings auch durch gelegentliche Zuwendungen die Hoffnung, dass sich alles zum Besseren wenden wird. All dies führt dazu, dass sich die Wahrnehmung der in ihrer psychischen Integrität verletzten Person langsam beginnt zu verzerren, plötzlich fühlt sie sich ernsthaft wertlos, glaubt, dass sie z. B. mit ihren Kindern im Alltag ohne ihren Partner nicht mehr zurechtkommt, hat ständig Angst, zu versagen oder tatsächlich „durchzudrehen". Die Dynamik der Abhängigkeit steigt stetig an.

Anders als gegenüber „Fremden" können einander vertraute Menschen sehr subtile Gewaltformen gegen den anderen gezielt einsetzen und das hochgradig bewusst. Je besser sie einander kennen, desto besser wissen sie auch, wie sie den anderen emotional unter Druck setzen, einschüchtern und verletzen können. Von außen betrachtet, wirkt der Täter sehr freundlich und fürsorglich. Er holt seine Frau täglich von der Arbeit ab, erledigt alle Einkäufe für seine Familie und bringt seine Kinder in den Sportverein oder die Musikschule. Für Außenstehende scheint der Täter der perfekte Mann, denn er „trägt seine Frau auf Händen". Für die betroffene Frau ist dieses scheinheilige Verhalten äußerst demütigend, da sie die Wahrheit über ihren Partner kennt und sich nicht traut, ihren seelischen Schmerz nach außen zu tragen, aus Sorge der Unglaubwürdigkeit.

Wenn Betroffene Angst haben, dass ihnen eigentlich vertraute Menschen nicht glauben, ziehen sie sich oft zurück. Das Verhaften in der Isolation ist besonders gefährlich. Dadurch wird die Macht der Tatperson zusätzlich gestärkt. Nur wenige Frauen werden von ihrem Partner in der Öffentlichkeit beleidigt und vor Zeugen abgewertet oder tyrannisiert. Wer psychische Gewalt ausübt, geht meist strategisch vor. Die Partnerin erkennt zu spät, dass sie Opfer häuslicher Gewalt ist. Meist dauert es Jahre, bis die Betroffenen begreifen, dass ein Großteil ihres Leidens durch das feindselige Verhalten des Menschen verursacht wird, der vorgibt, sie zu lieben.

Psychische Gewalt ist ein feindseliger Angriff auf das Denken, die Psyche, die Wahrnehmung und das ganzheitliche Sein des Opfers. Je länger die Frau dieser Gewalt ausgesetzt ist, desto größer werden die Selbstzweifel und der Selbsthass. Die Botschaften und das Verhalten des Partners führen dazu, dass Betroffene an der eigenen Wahrnehmung und über kurz oder lang am eigenen gesunden Menschenverstand zweifeln. Es gehört zur Strategie des Gewalttäters, dem Opfer einzureden, dass es diese unsichtbaren Grausamkeiten verdient. Zudem sind Schuldzuweisungen ein weiterer Bestandteil des Ausdrucks von psychischer Gewalt. Aussagen wie: *„Du bist schuld daran, dass unsere Beziehung aus dem Ruder geraten ist. Du bist für all das verantwortlich"*, gehören zum ausgeprägten Muster, die betroffene Frau weiter in die Fänge des Gewalttäters zu führen. Sein Verhalten sei nur eine Reaktion auf ihre (fehlerhafte) Person.

Launisches und jähzorniges Verhalten ist in zahlreichen Beziehungen ebenfalls eine effektive Methode, die eigene Machtposition zu demonstrieren. Die psychischen Angriffe kommen meist unvorhergesehen. Es ist völlig gleich, ob das Kinderspielzeug im Wohnzimmer liegt, das Abendessen nicht rechtzeitig serviert oder das Katzenklo nicht gereinigt wurde. Täter nehmen alles zum Anlass für Beschimpfungen, einen Wutausbruch und Schuldzuweisungen. Sie rauben ihren Opfern selbst das noch vorhandene Fünkchen an Energie – und diese *letzte Kraft* brauchen sie vor allen Dingen für ihre Kinder.

„... aber ich weiß, dass er mich liebt!", dieser Satz hält zahlreiche Betroffene gefangen in einer Gewaltstruktur, in der die Misshandlungen immer weiter zunehmen. Mit unterschiedlichen Methoden an Grausamkeiten sorgen Täter dafür, dass die Frauen sich dauerhaft unsicher fühlen und verängstigt werden.

Emotionaler Missbrauch bedeutet nicht zwangsläufig, dass der Täter nie Reue empfindet. Das Empfinden von Reue ist etwas anderes als Scham. Wer wahrhaftig bereut, wird seine Tat nicht wiederholen. Betroffene häuslicher Gewalt dürfen niemals Mitgefühl von einem solchen Partner erwarten, dazu ist er nicht willens und nicht fähig. Das bedeutet konkret: Würde er sich auf den Schmerz und die Verletzung seiner Partnerin einlassen, müsste er seine Schuld anerkennen. Er müsste aushalten, wie es sich anfühlt, erlebt zu haben, was er seiner Partnerin zugefügt hat. Die Schuldgefühle wären nicht auszuhalten, es käme zu Selbstanklage und Selbstentwertung. Des Weiteren führen die Schamgefühle bei einem gewaltbereiten Menschen nicht zu einer Abnahme von Partnerschaftsgewalt. Vielmehr lösen sie Abwehr aus und führen dazu, dass er seiner Partnerin gegenüber noch kälter und grausamer wird.

Die betroffene Partnerin identifiziert das o. g. Verhalten nicht als emotionale Gewalt. Es kommt sehr häufig vor, dass der Gefühlstäter die Darstellung der Ereig-

---

Formen von seelischer Grausamkeit

- Isolation der Betroffenen von Familie, Freunden*innen, und anderen Vertrauten, z. B. durch Verbreiten von Lügen über nahestehende Menschen
- Kontrolle von Aspekten des täglichen Lebens, z. B. wo die Partnerin hingeht oder wen sie treffen darf, welche Kleidung sie tragen sollte, Bestimmung des Schlafrhythmus, Bestehen auf ein gemeinsam genutztes Telefon usw.
- Kontrolle über grundlegende Bedürfnisse, wie Essensentzug oder Reglementierung der Essenszeiten
- Überwachung von Zeiteinteilung und Aktivitäten, der Kommunikation, in Extremfällen mittels Spyware und digitalen Werkzeugen
- Verwehren von Unterstützung, z. B. ärztlicher Hilfe, Ehe- und Lebensberatung u. a.
- Kontrolle des Sexuallebens
- Wiederholte Herabsetzung/Erniedrigungen, z. B. Bezeichnung als wertlos, Beleidigungen, Demütigungen etc.
- Kontrolle über Finanzen, z. B. Zuteilung eines Budgets, Verheimlichen der finanziellen Lage, Verweigern einer eigenen Kreditkarte oder eines eigenen Kontos
- Einfordern traditioneller Geschlechterrollen, z. B. der Frau als Hausfrau und Mutter
- Instrumentalisieren der Kinder gegen die Mutter
- Drohungen und Einschüchterungen
- Gaslighting: Der Gewaltpartner manipuliert und verunsichert die Realitätswahrnehmung der Frau und damit greift er gezielt das Selbstbewusstsein an, bspw. werden Gegenstände in der Wohnung heimlich verändert, Geschehnisse geleugnet etc. Die Wahrnehmungen der betroffenen Frau werden als unberechtigt oder unqualifiziert kleingeredet

nisse und Vergangenheit „modifiziert", und die Partnerin die vermeintliche Verantwortung für jegliche Beziehungsprobleme trägt. Dies stiftet erhebliche Verwirrung bei der Frau. Es ist sein Ziel die „Geschehnisse" so darzustellen, als sei sie verwirrt und/oder verrückt. Sollte sie es „wagen", sich gegen sein Verhalten zu wehren oder es gar als missbräuchlich bezeichnen, wird er diese Wahrheit abwehren, indem er sie als überreagierend und/oder hypersensibel darstellt. Ist der Höhepunkt der emotionalen Gewalt erreicht, wird sich die betroffene Frau in allem selbst die Schuld geben. Außenstehende erleben den Gefühlstäter meist als anständigen, erfolgreichen, sensiblen, ruhigen und unauffälligen Menschen. Gegenüber seiner Partnerin ist er jedoch häufig kontrollierend, egozentrisch, überkritisch, zwanghaft, kindisch und bösartig. Gefühlstäter sind oft beides. Es ist dieser ewige Gegensatz zwischen dem Menschen, den sie liebt, und dem Menschen, der ihr schadet, der die Partnerin zutiefst verwirrt und seelisch attackiert. Die emotionalen Gewaltakte des Täters sind meist durchsetzt mit Beteuerungen seiner Liebe. Aussagen wie „Du bist das Beste, was mir jemals passiert ist" etc. führen zu weiterer Verwirrung. Die Geschädigte hofft insgeheim, dass, wenn sie genug „tut", wenn sie ihm genug gibt, er aufhören wird, sie zu verletzen, und dass seine liebevolle, anfänglich umsorgende Seite wieder erwacht. Vor diesem Hintergrund und dem Gefühl der falschen Hoffnung trennen sich misshandelte Frauen nur selten.

„Mit der Zeit erkannte ich, dass hier etwas nicht stimmt. Er verdrehte Situationen und versteckte Gegenstände zu Hause. Er hatte mich z. B. dafür verantwortlich gemacht, dass ich seinen Rasierer mit Absicht in den Müll geworfen hätte. Was ich in keiner Weise getan habe. Denn ich hörte auf, seine Sachen aufzuräumen und sogar seine Wäsche zu waschen. Im Haushalt rührte er ja keinen Finger. Diese Situationen kamen sehr häufig vor. Dann hatte ich mich belesen. Schnell erkannte ich gewisse Strukturen, die er gegen mich verwendete, um mich als verrückt dazustellen – und das über einen langen Zeitraum. Als er mich eines Tages wieder angriff, konnte ich es nicht mehr nervlich aushalten. Mit ruhiger Stimme gab er mir verbale Messerstiche ins Herz, verzerrte meine Wahrnehmung. Dann rannte ich in den Keller und habe sein Motorrad mit einem Schraubendreher beschädigt, – weil ich mich wehren wollte. Das Motorrad war sein Heiligtum. Sprachlich war ich ihm längst unterlegen."* (Nicole, 35 J.).

Eine der größten Schwierigkeiten, einen Gefühlstäter zu entlarven, liegt darin, dass er in der Regel hochintelligent und in der Lage ist, seine missbräuchlichen Strategien zu verdecken. Diese Menschen wissen ganz genau, wie sie die Sprache der „Auserwählten" verbiegen und manipulieren können. Ihr Äußeres wirkt gelassen, sie strahlen eine rationale Selbstkontrolle aus, obwohl sie in Wirklichkeit keinerlei Kontrolle über ihren Schmerz und ihren chaotischen Selbsthass ausüben können. Diese eigene seelische Problematik führt dazu, andere zu kontrollieren und dazu zu bringen, die Kontrolle zu verlieren.

Die o. g. Aussage verdeutlicht sehr genau, dass ein Gefühlstäter seine Partnerin dazu bringen kann, die eigene Fassung zu verlieren. Er bringt sie nervlich an ihre Grenzen, sodass die Geschädigte förmlich ausrastet, um zu beweisen, wie *gesund* der Täter sei. Gerne benutzt der Gefühlstäter den strategischen Effekt des Augenrollens oder Äußerungen wie: *„Siehst Du, Du rastest schon wieder aus, heulst, schreist, beschädigst mein Eigentum. Ich brauche keine professionelle Hilfe, Du brauchst sie!"*

Über diese Handlungen des Opfers spricht der Gefühlstäter gerne in der Öffentlichkeit, um von seinem toxischen Verhalten abzulenken. Der Gefühlstäter nutzt sämtliche verbalen und emotionalen Missbrauchsstrategien und/oder passiv-aggressiven Taktiken, um die Seele seiner „Auserwählten" zu zerstören. Psychische Gewalt ist nicht sichtbar. Aber spürbar. Dies kann so weit gehen, dass betroffene Menschen chronische Erkrankungen erleiden. Psychische Gewalt kann in körperliche Gewalt münden oder gleichzeitig mit ihr geschehen. Psychische Gewalt ist nicht „schlimmer" oder „weniger schlimm" als körperliche Gewalt. Beide Formen von Gewalt können die Geschädigte schwerwiegend und dauerhaft zeichnen. Oft dauert es lange Zeit, bis einem Menschen bewusst wird, dass er seelische Gewalt erleidet. Der Absprung ist nicht einfach, aber möglich. Die entsprechenden Hilfsangebote habe ich in Kap. 11 ausgeführt.

„Gewalt ist die Waffe des Schwachen; Gewaltlosigkeit die des Starken." (Mahatma Gandhi)

1.2.2 Traditioneller Irrglaube: „Hämatome als Liebesbeweis?"

„Pack schlägt sich, Pack verträgt sich."

Zahlreichen Frauen weltweit gelingt es erst nach Jahren, sich den Prügelattacken ihrer Partner zu entziehen. Einige Geschädigte schaffen es bis heute nicht, sich aus der Gewalt zu lösen. Täglich erleben Kinder gravierende psychische und/oder physische Verletzungen, die eine Kinderseele niemals erfahren darf. Die Folgen, auch bei miterlebter Gewalt, sind verheerend und werden oftmals unterschätzt bzw. irrtümlich übersehen. Aus der Perspektive der Kinder wissen die Systemschwächsten nicht, dass ihre geliebte Mutter nicht beabsichtigt hatte, in eine Beziehung mit ihrem gewalttätigen Vater zu gehen. Frauen und Kinder geraten hinein, ungewollt. Der früher so zärtliche, liebevolle Mann und geliebte Vater zeigt sich plötzlich von einer Seite, die den betroffenen Kindern fremdartig ist. Die Folge: Angst und Gefühle der Ohnmacht werden zu einem Dauerzustand. Noch heute kursiert der Glaubenssatz: „Er schlägt dich, also liebt er dich" (russisch: „Bjot, snatschit ljubit"). So lautet ein alter, zynischer, russischer Spruch, mit dem viele Russinnen aufwachsen. Fakt ist: Kein Mensch will freiwillig eine gefährliche Beziehung eingehen, – und dennoch kommt es immer wieder vor, dass Frauen an den falschen Partner geraten und sie mit traditionellem Irrglauben konfrontiert werden.

„*Erlaubt der Koran es Männern, Frauen zu schlagen?*" (Maya, 15 J.).

Noch vor wenigen Wochen wurde ich mit einer äußerst interessanten Frage konfrontiert. Ein 15 Jahre altes Mädchen hatte sich mit der Thematik häuslicher Gewalt im Kontext der Religionen und damit einhergehenden Glaubenssätzen auseinandergesetzt. Eifrig erzählte sie mir von dem sog. Züchtigungsvers: „*Sind einzelne Stellen im Koran tatsächlich eine Art Freibrief für Gewalt und Unterdrückung gegenüber Frauen?*" Gerne möchte ich an dieser Stelle und mit allem Respekt, die Übersetzung von Max Henning in den Vordergrund stellen und damit jedem*jeder einzelnen Leser*in die Möglichkeit geben, sich selbst mit der o. g. Fragestellung zu beschäftigen.

Als sog. Züchtigungsvers wird oft die Koransure 4 Vers 34 bezeichnet, – der Vers, der scheinbar Gewalt gegen Frauen legitimiert.

(„Die Männer stehen über den Frauen, weil Gott die einen vor den anderen ausgezeichnet hat, und weil sie von ihrem Vermögen hingeben. Rechtschaffene Frauen sind demütig ergeben und geben Acht auf das, was verborgen ist, weil Gott darauf Acht gibt.") (Übersetzung von ?)

Bereits dieser Teil des besagten Verses ist eine absolute Provokation für Emanzipierte. Vor diesem Hintergrund gibt eine feministische Exegese den einschlägigen Begriff „qawâmûn" mit „stehen über" wieder und interpretiert diesen als „Versorger". Aber bereits diese Übersetzung sei aus hiesiger Sicht akrobatisch. Dem gegenübergestellt ist für den zweiten Teil des Verses die Problematik noch weniger leicht zu lösen. Denn dieser zweite Teil lautet: „*Und jene Frauen, von denen ihr Widerspenstigkeit befürchtet, tadelt sie, verbannt sie in ihre Betten und schlagt sie.*"

Das entscheidende Wort an dieser Stelle lautet „adribûhunna". In erster Linie soll der Vers, der jahrhundertelang Grundlage für große Kritik stand, im Folgenden in seinem Wortlaut zunächst in der Übersetzung von Muhammad Asad, dann in der Übersetzung von Max Henning zitiert werden.

(„Die Männer sollen für die Frauen vollständig Sorge tragen mit den Wohltaten, die Gott den ersteren reichlicher erteilt hat als den letzteren, und mit dem, was sie von ihren Besitztümern ausgeben mögen. Und die rechtschaffenen Frauen sind die wahrhaft demütig Ergebenen, welche die Intimität hüten, die Gott zu hüten (verordnet) hat. Und was jene Frauen angeht, deren Übelwollen ihr Grund zu fürchten habt, ermahnt sie (zuerst); dann lasst sie allein im Bett; dann schlagt sie; und wenn sie daraufhin auf euch achtgeben, sucht nicht, ihnen zu schaden. Siehe, Gott ist fürwahr allerhöchst, groß.") (Übersetzung von Muhammad Asad)

„Die Männer sind den Weibern überlegen wegen dessen, was Allah den einen vor den anderen gegeben hat, und weil sie von ihrem Geld (für die Weiber) auslegen. Die rechtschaffenen Frauen sind gehorsam und sorgsam in der Abwesenheit (ihrer Gatten), wie Allah für sie sorgte. Diejenigen aber, für deren Widerspenstigkeit ihr fürchtet – warnet sie, verbannt sie in die Schlafgemächer und schlagt sie. Und so sie Euch gehorchen, so suchet keinen Weg wider sie; siehe, Allah ist hoch und groß." (Übersetzung von Max Henning)

In einem der heute wohl umstrittensten Koranverse im Hinblick auf die Frauenrechte heißt es weiter:

(„Männer sind die Versorger [qawwâmûn] der Frauen, weil Gott die einen vor den anderen ausgezeichnet hat und weil sie von ihrem Vermögen hingeben. Rechtschaffene Frauen sind demütig ergeben [qânitât] und geben Acht auf das, was verborgen ist, weil Gott darauf Acht gibt. Und jene Frauen, von denen ihr Widerspenstigkeit befürchtet, tadelt sie, verbannt sie in ihre Betten und schlagt sie [oder meidet sie; adribûhunna]! Und wenn sie euch gehorchen, benehmt euch ihnen gegenüber keinesfalls schlecht. Gott ist erhaben und groß.") (Übersetzung von ?)

Eine Mehrheit der Übersetzungen gehen davon aus, dass es sich beim Verb „daraba" um den arabischen Begriff für „schlagen" handelt, der arabische Wortlaut in der betreffenden *Sure* ist: „*wa-dribū-hunna*" – „*und schlagt sie*". Jedoch existieren neuere Arbeiten darüber, die diesen Wortlaut in kritische Zweifel ziehen. Als Ausgangspunkt, zu dem die *Sure* eröffnet wurde, wird ein Konflikt zwischen einem Mann und seiner Frau beschrieben, der darin eskaliert, dass der Mann seine Frau physisch schädigt. Die Reaktion des Propheten wird zunächst so beschrieben, dass er der Frau Recht gibt, diesen Schiedsspruch allerdings dann zurückzieht, nachdem die betreffende *Sure* offenbart wurde. Wie Asad und andere anführen, gibt es eine Tradition, der zufolge Muhammad geschildert haben soll und die demnach lautet: „*Ich wollte etwas, aber Gott wollte etwas Anderes. Was Gott wollte, ist besser*".

Es kann aus Sicht der Experten davon ausgegangen werden, dass die Frau den Mann mit ihrem Verhalten provoziert habe. Das Verhalten wird im arabischen als

„nušūz" benannt, d. h. wörtlich „widerspenstig", „ungehorsam", „rebellisch". Es handelt sich um eine absichtliche Missachtung oder ziemliche Zuwiderhandlung von ehelich „angemessenem" Verhalten.

Traditionelle Lesarten des Verses gehen davon aus, dass das männliche Geschlecht dem weiblichen Geschlecht überlegen sei (arabischer Wortlaut: „ar-riğālu qauwāmūn ʿalā n-nisā'") und den Männern demnach von Gott die Autorität verliehen ist, ungehorsame (Ehe-)Frauen durch Schlagen an *„ihre eigentliche Rolle"* zu erinnern. Besonders seit dem 20. Jahrhundert, in welchem nicht nur in westlichen Gesellschaften der Kampf für Gleichberechtigung und Frauenrechte eine wichtige Stellung bekam, hat sich äußerster Widerstand geregt: Die historische Kontextualisierung und der Verweis auf die persönliche Haltung und Lebensführung des Propheten als Vorbild wurden nunmehr verstärkt in den Fokus gebracht. Aus seinem Leben ist in keinem einzigen *Hadith* bekannt, dass er jemals das weibliche Geschlecht geschlagen hätte.

Im Gegenteil; er wird als äußerst sanftmütig beschrieben, wenn es um persönliche Beziehungen und seinen Umgang mit Anderen geht, – vor allen Dingen im Umgang mit Frauen. Die Übersetzung im nichtarabischsprachigen Kontext zeigt an dieser Stelle einen großen Unterschied. Hartmut Bobzin äußert sich zu der betreffenden Passage wie folgt:

„Die Männer stehen für die Frauen ein', was ähnlich wie in Asads Übersetzung, die finanzielle und moralische Verantwortung, auch im Sinne des Schutzes und der Fürsorge des Ehemannes über seinen Haushalt, zuzüglich des weiblichen Geschlechts bedeute. Dem gegenüberstellend gab es bereits weit vor dem 20. Jahrhundert richtungsweisend divergierende Deutungen und Meinungen. Der Gelehrte geht in Anlehnung an den Koran davon aus, dass die Ehefrau unter bestimmten Voraussetzungen geschlagen werden kann, jedoch zitiert er den Propheten mit der deutlichen Aussage: *„Der Beste unter Euch wird sie nicht schlagen.'* Dabei betont er die Möglichkeit der freien Wahl von (Ehe-)Männern, sich in der vielleicht feurigen Konfliktsituation gegen die Züchtigung zu entscheiden: *„We choose what the messenger of God chose himself, and we prefer that the husband does not beat his wife when she goes too far against him in her words and similar things."'*

Zu betonen ist an dieser Stelle, dass in jeder Generation muslimischer Gelehrter die Frage nach historischer Kontextualisierung, Interpretationsmethoden und genauer Kenntnis der sprachlichen, grammatikalischen und logischen Hintergründe von Koranformulierungen immer neu verhandelt werden muss. Vor diesem Hintergrund soll dieser Koranvers unter Berücksichtigung seines historischen Kontextes eher als ein Vorschlag verstanden werden. Die Gleichstellung von Frau und Mann ist im Koran auffällig oft erwähnt worden, sodass es geradezu unverantwortlich erscheint, diesen einzelnen Vers als Argumentation zur Legitimierung von Gewalt oder irgendeiner Überlegenheit gegenüber der Frau zu verwenden. Der oben genannte Vers kann nur dann richtig verstanden werden, wenn der Entstehungskontext mitberücksichtigt wird. Hierfür ist es notwendig, um das Potenzial *heiliger Texte* auch in der Gegenwart aufzeigen zu können, dass diese aus dem gegenwärtigen Kontext gedeutet werden. Es spricht demnach nichts dagegen, dass Muslime*innen ihren *heiligen Text* neu interpretieren und, von der bestehenden Realität ausgehend, auch neu verstehen (vgl. Henning & Schimmel, 2001).

Die Afroamerikanerin Amina Wadud, die im Erwachsenenalter zum Islam konvertierte und zurzeit eine der aufregendsten muslimischen Denkerinnen ist, greift deshalb zu einer ganz anderen Denkweise und strikten Methode. Nach ihren Aussagen müsse der Gläubige zu manchen Stellen des Korantextes ein ganz klares „Nein" durchsetzen, statt sich in einen Übersetzungs- und/oder Interpretationskampfes zu begeben. Des Weiteren ist Wadud der Meinung, die heutige Gesellschaft müsse das Stoppschild hochhalten, wenn bestimmte Aussagen des Korans im Widerspruch stehen zu den Menschenrechtsvorstellungen des 21. Jahrhunderts. Für Amina Wadud ist der Koran dadurch nicht weniger heilig. Ganz im Gegenteil. Ob diese sensible Herangehensweise strenggläubige Muslime*innen überzeugen kann, kann an dieser Stelle nicht beantwortet werden. Beantwortet werden kann allerdings die Frage, ob Menschen muslimischen Glaubens nach einem Ausweg suchen. Erfreulicherweise tun sie das sehr gewiss. Sie suchen händeringend nach Lösungen und mit zahlreichen Ideen nach Möglichkeiten, mit diesen Versen umzugehen, die Gewalt scheinbar legitimieren. Das im Folgenden beschriebene Beispiel aus der Praxis lässt u. a. die Lücken im System sehr gut erkennen:

Herr M. schlägt seine Frau. Sie schlägt zurück und beleidigt ihren Ehemann, den sie vor 2 Jahren geheiratet hat. Nach ihren Aussagen aus Liebe. Das Paar führt eine Beziehung voller Schmerzen und Erniedrigungen. Es eskaliert bei dem Ehepaar regelmäßig. Die Nachbarn haben nach ihren Aussagen einige Male die Polizei gerufen, weil sie die Frau nach Hilfe schreien hörten. Doch weil der Haushalt kinderlos ist, werden „nur" Hilfsangebote aufgezeigt. Die Frau verweigert, das Haus zu verlassen bzw. die häusliche Gewalt zur Anzeige zu bringen. Der Mann genauso. Der Grund: „Wir lieben uns." Daraufhin wird die Tür geschlossen. Der Gewaltakt geht weiter.

Der o. g. Text lässt das Herz erschüttern. Wie lange will das Ehepaar diese Gewalt noch ertragen? Haben wir nicht nur das eine Leben, um die beste Version unseres Selbst zu werden? Haben wir nicht alle verdient, bedingungslos geliebt zu werden und sich gegenseitig zu respektieren? *Wer liebt der schlägt nicht, – weder seine Kinder, noch seine Frau oder seinen Mann.*

Sicher kennen Sie den noch sehr weit verbreiteten Irrglauben: *„Pack schlägt sich, Pack verträgt sich."* Diese Aussage muss nicht unbedingt auf erwachsene Handgreiflichkeiten zutreffen. Bereits Eltern, die ihre Kinder streiten sehen und am Abend gemeinsam im Bett aneinander kuschelnd erleben, führen diesen Wortlaut weiter, ohne sich tatsächlich Gedanken über eine gewaltfreie Kommunikation gemacht zu haben. Es macht den Eindruck, dass Eltern z. B. den „Schulhofstreit" mit dieser Aussage bagatellisieren und es gutheißen, was Kinder in dieser Intensität aufsaugen und fortführen.

„Wahrscheinlich hat sie ihn provoziert, da wäre doch jedem die Hand ausgerutscht." Auch diese Form der Tolerierung von Gewalt wird oftmals erwähnt, um sich auf die Seite des Mannes zu stellen. Das, was an dieser Stelle verharrt, ist das Gefühl der Einsamkeit und der Verwechslung der Täter/Opfer-Rolle.

Traditionelle Irrglauben sind nach wie vor fester Bestandteil des menschlichen Denkens und Handelns. Gewalt als Bestandteil einer Ehe ist bereits seit Jahrzehnten verboten. Doch Grausamkeiten kommen immer wieder vor und das häufiger, als Sie jemals vermutet hätten. Die Entwicklung bezüglich häuslicher Gewalt steigt tendenziell in die Höhe. Fachkräfte unterschiedlicher Institutionen sind in Alarmbereitschaft, denn sie erleben die ausgearbeiteten Statistiken des Bundesministeriums in der Praxis hautnah mit.

1.3   Elterliche Gewalt in der Familie gegen ihre Kinder

Nach 11 Jahren in dem hoheitlichen Tätigwerden des Wächteramtes, gem. § 8a SGB VIII und § 1666 BGB, habe ich zahlreiche Kinder in Augenschein nehmen müssen, die schwere körperliche Misshandlungen erfahren mussten. Eltern, die ihre Kinder auf heftigste Weise schlugen, dass selbst den Polizeibeamten*innen bei der Dokumentation ein eisiger Schauer über den Rücken lief.

In einem Fall züchtigte ein Kindesvater seinen Sohn 45 min lang körperlich, da er ihm nicht gehorchte. In letzter Minute konnte der Junge sich aus dem Haus retten und mit schweren Verletzungen die Polizeiwache erreichen. Erschöpft hatte sich der damals 14-Jährige mit nacktem Oberkörper auf den kalten Flur der Polizeiwache gelegt, weil seine tiefen Verletzungen höllisch brannten. Ich erinnere mich noch an die Aussagen des Beamten: *„Dieser Junge wurde so hart gegeißelt, wie in einem Gladiatoren-Film."* Des Weiteren landete ein Fall auf dem Tisch, in dem hervorging, dass auf dem Körper eines 3-Jährigen Zigaretten ausgedrückt wurden. Wiederum offenbarten Fälle in Kooperation mit der Rechtsmedizin die Wahrheit über das tatsächlich Geschehene: Verbrühungen dritten Grades, Knochenbrüche und Hämatome an Stellen, die ein Kind sich z. B. durch einen Sturz nicht selbst zufügen kann. Eltern, die die Wunden ihrer Kinder überschminkten, um die häusliche Gewalt zu verdecken. Alle diese Kinder, ihre Namen und ihre Lebensgeschichte stehen für körperliche und seelische Gewalt. Sie weisen darauf hin, dass in unserer Gesellschaft viele Schutzbedürftige – entgegen aller Gesetze – Opfer aller Schattierungen von Gewalt werden können und es auch noch werden, und doch scheint die Brutalität der Misshandlungen noch längst nicht an der Spitze des Eisbergs zu sein. Körperlich Gewalt beginnt häufig mit einem „Klaps" im *anstrengenden* Familienalltag oder als „berechtigte Strafmaßnahme".

So unterschiedlich die Gewalterfahrungen von Kindern sind, – immer sind diese Grausamkeiten am Systemschwächsten vor dem Hintergrund akuter oder chronischer Krisen und Konflikte in ihren Familien zu sehen. Gewalt in Familien ist Ausdruck der Überforderung von Eltern, Probleme konstruktiv zu bewältigen. Um Kindern angemessen helfen zu können, müssen wir die lebens- bzw. leidensgeschichtlichen und sozialen Belastungen in ihren Familien wissen. Selten gibt es einfache Erklärungen dafür, wenn Beziehungen in Familien entgleisen, wenn Eltern in eine Überforderungskrise geraten und elementare Bedürfnisse der Kinder aus dem Blick geraten oder missachtet werden.

Max Horkheimer und Erich Fromm haben die Strukturen des Mikrosystems (Familie) unter dem Schlagbegriff „Familie als psychische Agentur der Gesellschaft" festgehalten. Vor diesem Hintergrund weisen die beiden Soziologen daraufhin, dass Muster familiärer Gewalt immer die Gewaltmuster der Gesellschaft widerspiegeln.

Meist zeigt sich in erst im elterlichen Beratungsprozess, wie vielfältige Faktoren dabei zusammenwirken: Eltern können durch persönliche Schwierigkeiten und Beeinträchtigungen überfordert sein, und/oder durch physische oder psychische Erkrankungen, als auch durch Verletzungen und Kränkungen, durch traumatische Gewalt- oder Vernachlässigungserfahrungen, durch hochstrittige Partnerschaft oder Trennung, durch erschütterte Beziehungen zur Herkunftsfamilie, oder dadurch, dass ihre Kinder besondere Schwierigkeiten haben oder besonders beansprucht sind. Belastend wirken sich dabei benachteiligende Lebensbedingungen aus: Armut, existenzielle Nöte, Erwerbslosigkeit, Isolation, beengte Wohnverhältnisse, Verlust an Gemeinschaft und Fehlen stützender sozialer Netze. Die Kräfte von Eltern sind unter solchen Bedingungen geschwächt und ihre Ressourcen, Krisen zu bewältigen, massiv beeinträchtigt.

Väter und Mütter wollen ihren Kindern gute Eltern sein, ihnen Zuwendung geben, sie fördern und beschützen. Sicher gibt es Auseinandersetzungen zwischen Eltern, doch es ist immens wichtig, dass Kinder eine gesunde Streitkultur ihrer Eltern erleben und wie sie sich vor allen Dingen wieder versöhnen. In zahlreichen Familien der heutigen Gesellschaft mündet ein zunächst harmloser Streit in Gewalt. Die meisten Kinder, die häusliche Gewalt miterleben, schämen sich für das Verhalten ihrer Eltern, und es gelingt ihnen aufgrund ihrer Sprachlosigkeit und ihres Ohnmachtgefühls nicht, sich jemandem anzuvertrauen. Außerdem lastet auf ihnen oft ein enormer Druck, denn sie müssen Aufgaben übernehmen, denen sie aufgrund ihres Entwicklungsstandes nicht gewachsen sind. Die betroffenen Kinder sind emotional äußerst überfordert. Wenn sie dann allen Mut zusammenreißen und sich in den Streit ihrer geliebten Eltern einmischen, bringen sie sich oftmals selbst in Gefahr. Es herrscht eine akut kindeswohlgefährdende Notfallsituation.

Der Bundesrat unterscheidet in seinem Bericht zu Gewalt und Vernachlässigung in der Familie drei Formen von häuslicher Gewalt an Kindern und Jugendlichen:

• körperliche, psychische und sexuelle Gewalt an Kindern und Jugendlichen (Kindesmisshandlung),
• Vernachlässigung,
• Miterleben von elterlicher Paargewalt.

Das Miterleben von häuslicher Gewalt stellt ein großer Belastungsfaktor für die kindliche Entwicklung dar. Unbewältigt oder unbehandelt wirken traumatische Kindheitserfahrungen im Erwachsenenalter weiter und können mit psychischen, körperlichen und psychosozialen Folgestörungen verbunden sein. Das Miterleben von häuslicher Gewalt in der Kindheit gilt außerdem als bedeutsamer Risikofaktor für häusliche Gewalt im Erwachsenenalter. Kinder müssen nicht direkt Gewalt erleiden, um als Opfer anerkannt zu werden.

Im Folgenden möchte ich auf den gewalttätigen Kindesvater eingehen. In diesem Zusammenhang spreche ich vom *„gespaltenen Vater"*: In vielen Partnerschaften zeigt sich der Mann und Vater von zwei Seiten. Zu seinen Kindern ist er liebevoll und aufmerksam, während die Partnerin respektlos behandelt wird. Auch wenn die Kinder die Gewalt miterleben müssen oder auch ab und zu physisch misshandelt werden, zögern viele Mütter, die Beziehung zu ihrem Partner zu beenden. Sie meinen, kein Recht dazu zu haben, den Kindern den Vater zu nehmen, und stellen ihr eigenes Glück hinten an. Leider täuschen die liebevollen Kontakte des Vaters darüber hinweg, dass Kinder auch mittelbar, selbst wenn sie nicht direkten physischen oder psychischen Angriffen des Vaters ausgesetzt sind, sie dennoch die Ängste der Mutter erleben und dadurch hoch traumatisiert werden. Sie kommen in einen unlösbaren Konflikt. Sie müssen erleben, dass sich die Mutter selbst nicht schützen kann, obwohl diese in der Regel Sorge für die Kinder trägt, und sie erleben akute Ohnmacht, dass die Quelle der Gewalt von ihrem Vater ausgeht, den sie ebenfalls aus dem Tiefsten Herzen lieben.

Bleiben die Eltern bei anhaltender Gewalt zusammen, kann man beobachten, dass sie die Kinder polarisieren. Während einige Kinder sich auf die Seite der Mutter stellen und sich sogar bei einem Streit vor sie stellen, um sie zu schützen, ahmen andere betroffene Kinder den Täter nach, beschimpfen und demütigen die Mutter, die sie insgeheim verachten. Den betroffenen Frauen fällt es dann noch schwerer, sich aus der Familie zu lösen und sich gegen ihre Kinder zu stellen, die die Seite des scheinbar Stärkeren und Überlegeneren unterstützen. Manchmal entspricht die Wahrnehmung der Frau nicht der Realität.

Ein Beispiel aus der Praxis: Eine betroffene Kindesmutter hatte ihren Ehemann nach einem Gefängnisaufenthalt, den er wegen häuslicher Gewalt verbüßt hatte, wieder in ihre Wohnung aufgenommen. Der 11-jährige Sohn schwänzte die Schule, aus Angst, der Mutter könnte in seiner Abwesenheit wieder etwas Schreckliches zustoßen.

„Edel ist, wer die Kinder schützt vor Gewalt.Edel ist, wer den Kampf mit dem gierigen Pöbel nicht scheut.Edel ist, wer schaudert vor Gemeinheit." (Julius Langbehn)

Historie der Bekämpfung von häuslicher Gewalt

2

„Da lief er dann nackt rum, mit Messer und mit dem Hammer und dann haut er mir den Hammer so ein Stück neben den Kopf. Und wenn er danach zu sich kommt, tut ihm das dermaßen leid." (Feature/1978)

Häusliche Gewalt gegen Frauen und Kinder ist seit geraumer Zeit zu einem viel diskutierten Thema geworden. Dies war nicht immer so. In den Jahrhunderten vor 1928 war die Ausübung von Gewalt gegen Frauen juristisch und gesellschaftlich legitimiert. Männer hatten ganz selbstverständlich das Recht, ihre Frauen und Kinder mit Gewalt zum Gehorsam zu zwingen. Diese Denkweise ist bis heute noch in zahlreichen Kulturen vorhanden. Während meiner Dienstjahre im Jugendamt wurde mir sehr schnell offenbar, dass Tätern, oftmals aus anderen Kulturkreisen, das strikte Verbot von häuslicher Gewalt nicht bewusst ist bzw. eine Abwehrhaltung dazu existiert. Diese anscheinend gelebte Unwissenheit und schädliche Denkweise ist verheerend. Als ich in einem Gespräch den gewaltausübenden Kindesvater informierte, dass in Deutschland das Recht von Männern, ihre Frau zu züchtigen im Jahr 1928 endgültig abgeschafft wurde, gab es unterschiedliche Reaktionen: *„Ich bin erst seit 3 Jahren in Deutschland. Das habe ich nicht gewusst."* Oder: *„Auch wenn ich in Deutschland bin, werde ich meine Frau und meine Kinder mit Schlägen zum Gehorsam bringen. Ich schlage sie mit der flachen Hand, nicht mit der Faust. Ich will sie nicht umbringen, nur meinen Standpunkt verdeutlichen, wer der Herr im Haus ist."* Wieder ein anderer: *„Ich habe nicht die deutsche Staatsbürgerschaft. Es ist mir egal, dass Gewalt an Frauen und Kindern verboten ist."*

Doch auch Täter, die in Deutschland geboren sind, nehmen meist das Verbot der häuslichen Gewalt nicht ernst. Sehen wir uns die nächste Antwort eines gewalttätigen Kindesvaters an:

„Ich stehe zu meinem Mannsein, wie noch vor Jahrzehnten. Meine Frau und meine Kinder haben mir zu gehorchen. Eine Entschuldigung von mir wird es niemals geben. Ich bezahle das Haus, das Essen, die Kleidung. Dafür will ich Dankbarkeit und gutes Essen auf den Tisch das mir schmeckt. Und wenn meine Frau mal hysterisch wird und nörgelt, dass ich im Haushalt nichts tue, hebe ich meine Hand. Dann ist die Rollenverteilung wieder klar."

Offensichtlich haben die rund 90 Jahre seit der Abschaffung des Züchtigungsrechts in der Ehe nicht gereicht, um diesen grausamen Vorstellungen den Nährboden zu entreißen, die seit Jahrhunderten die Machtverhältnisse zwischen Männern und Frauen zementieren. Keineswegs kann aus meiner Sicht von Missverständnissen oder Missverhältnissen gesprochen werden. Es geht immer um Machtausübung und Kontrollverlust, die nicht selbst eingestanden werden.

Physische und psychische Kindesmisshandlung sind keine neuartige Erscheinungsform. Diese Grausamkeiten existieren bereits seit Beginn der Geschichtsaufzeichnungen. Historisch betrachtet, waren Züchtigungsstrafen ein weit verbreitetes Instrument der Machtausübung und Herstellung von Hierarchie. Bensel et al. (2002) zeigten auf, dass „zu den Zeiten, in denen Macht zugleich Recht war, … ein kleines Kind keinerlei Rechte (hatte), solange ihm nicht zunächst sein Lebensrecht in ritueller Form gewährt wurde". Zum besseren Verständnis: Selbst *Kindestötung* wurde nicht als Verbrechen angesehen. Außergewöhnlich anders verhielten sich die alten Ägypter. Eltern, die ihre Kinder körperlich gezüchtigt hatten – bis zu ihrem Tod –, wurden bestraft, indem sie 72 h neben ihrem toten Kind sitzen mussten. Der Hintergedanke lag darin, dass sie für ihre grausame Tat *Reue* empfinden sollten und somit von jeglichem neuen Tötungsversuch eines Kindes ablassen (vgl. Mertens & Pankower, 2011).

Glücklicherweise wird Gewalttätigkeit in Partnerschaften und Familie heutzutage als ein Problem von gesellschaftlicher Tragweite anerkannt. Die Frauenbewegung gab den wesentlichen Anstoß zur längst überfälligen Veränderung. Autonome Feministinnen und die von ihnen geschaffenen Infrastrukturen in den 1970er-Jahren leisteten einen entscheidenden Beitrag. Das bedeutet, dass seit mehr als zwei Jahrzehnten vor diesem Hintergrund nach Mitteln und Wegen gesucht wird, um partnerschaftliche Gewalthandlungen einzudämmen. Diese präventive und zielgerichtete Bewegung hält bis zum heutigen Tage an.

Das überhaupt Frauenhäuser existieren, verdanken wir der *neuen Frauenbewegung* der 1970er- und 1980er-Jahre. Für die Gewaltdynamik in Familien gab es noch keine wirkliche Bezeichnung. Gegen ein Phänomen, das in seiner Rohheit und Brutalität Sprachlosigkeit voraussetzte und erzwang, setzten autonome Feministinnen im deutschsprachigen Raum ab der Mitte der 1970er-Jahre ein ganzes Bündel an Begriffen, Institutionen und Strategien, die den gesellschaftlichen und staatlichen Umgang mit dem, was wir heute selbstverständlich *„häusliche Gewalt"* nennen, grundlegend transformierten. In bewusster Abgrenzung zu etablierten Parteien, Gewerkschaften und kirchlichen und sozialen Institutionen, die aufgrund ihrer hierarchischen Form und Nähe zum Staat kein Ort feministischer Kritik und weiblicher Selbstbestimmung sein konnten, etablierten autonome Frauengruppen Schutzhäuser für gewaltbetroffene Frauen: Schutzräume, zu denen Männer keinen Zutritt hatten und in denen eine gänzlich neue, frauenzentrierte und solidarische Form des gemeinsamen Lebens und Handelns praktiziert werden sollte.

„Als ich mich wehrte, eine Abtreibung zu machen, begann er mich täglich zu schlagen, – auch in den Bauch. Als er mich fesselte, hatte ich keine Chance. Als ich im 5. Monat schwanger war, schlug er mich so stark, dass ich bewusstlos wurde. Im Krankenhaus öffnete ich meine Augen. Alle Finger, zahlreiche Rippen, meine Nase, das Schlüsselbein, beide Arme und mein Beckenknochen war gebrochen." (Magrid, 39 J.)

Der ursprüngliche Impuls war aus dem Ausland gekommen. Die amerikanische Feministin und Autorin Susan Brownmiller hatte im Jahr 1967 ein sog. *Speak-out* über Gewalt geöffnet. Vier Jahre später folgte im Londoner Stadtteil Chiswick von der Britin Erin Pizzey das *„Women's Shelter"*. Es war die erste Institution, die sich explizit an Frauen wandte, die von ihren Männern geschlagen wurden, und ihnen Zuflucht bot. Die präventive historische Reise gegen häusliche Gewalt ging weiter: Im März 1976 trafen sich in Brüssel Frauen aus zahlreichen Ländern zu einem „internationalen Tribunal", um über Gewalt gegen Frauen zu sprechen und Strategien für politischen Aktivismus zu entwickeln. Zu dem politischen Anspruch der Aktivistinnen gehörte neben der Arbeit im Frauenhaus, der Gewalt eine Stimme zu geben.

Lange war häusliche Gewalt gegen Frauen v. a. dann öffentlich thematisiert worden, wenn sie mit dem Tod der Frau endete. Die milde Rechtsprechung und das Verständnis, das die Täter nicht selten erfuhren, – diese Sachverhalte begannen Feministinnen zu dokumentieren. So findet sich in einer Sammlung von Zeitungsausschnitten des Berliner Frauenzentrums der Fall eines Tierarztes, der, des Mordes an seiner Frau angeklagt, im Dezember 1972 freigesprochen wurde.

In den umfangreichen Dokumentationen, wissenschaftlichen Abhandlungen, Ausstellungen als auch Rundfunk-, Film- und Fernsehbeiträgen, die Feministinnen erstellten, fassten betroffene Frauen nach und nach mehr Mut, über ihre Grausamkeiten zu sprechen.

„Die Ohrfeigen waren noch das Mildeste. Als er einen Teller zerschlug, ging er mit der scharfen Tellerspitze auf mich los und drohte mir, mich in Stücke zu zerhacken. Meine Kinder schrien aus Leibeskräften, dass er mich in Ruhe lassen soll. Mein ältester Sohn versuchte, mich zu beschützen, dabei erlitt er einen Schnitt in seinem Gesicht." (Maria, 42 J.)

Als Ende der 1970er-Jahre die ersten Frauenhäuser entstanden, gab es in Deutschland immer noch viele Menschen, die diesen Institutionen äußerst kritisch gegenüberstanden. Es wurde bspw. davon gesprochen, dass betroffene Frauen in *diesen Häusern* destabilisiert werden würden, denn es würde sich um verunsicherte Frauen handeln, die noch gestützt werden müssen und den Schutz der Familie brauchen, auch wenn es da zu Gewalt komme. Der Hintergrund: Das System Familie stehe über allem und helfe sich im eigenen System in allen Belangen, auch in Gewaltstrukturen.

Erst im Jahr 2002 änderte sich dann grundlegend für viele Menschen diese unbegreifliche Haltung. Das sog. *Gewaltschutzgesetz (GewSchG)* wurde erlassen. Es verpflichtet z. B. die Polizei bei familiären Streitereien, zu denen sie gerufen werden, einzugreifen. Von der Gründung der ersten Frauengruppen in den 1970er-Jahren bis zum Gewaltschutzgesetz sind nun 30 Jahre vergangen. Der Weg dorthin bestand aus vielen kleinen Schritten, einer davon war ein Begriff, der aus den USA übernommen wurde und sich nach und nach durchsetzte: *häusliche Gewalt*. Insbesondere die Polizei musste sich mit der Thematik der häuslichen Gewalt im Kontext Familie intensiv auseinandersetzen und es als gravierendes soziales Problem anerkennen. Eine stärkere Sensibilisierung hat endlich stattgefunden. Während früher häusliche Gewalt als reine Privatangelegenheit gesehen wurde, haben durch das neue Gewaltschutzgesetz erhebliche Veränderungen stattgefunden.

Häusliche Gewalt – Handlung und Struktur im familialen Beziehungsgefüge

Häusliche Gewalt ist seit 1980 in die Höhe der thematischen Wichtigkeit der Gesellschaft gestiegen. Die Grausamkeit in Paarbeziehungen brachte eine enorme Dimension in Politik, Wissenschaft und Forschung. Mittlerweile existieren einige Forschungsergebnisse zu den Ursachen, der Dynamik, den Betroffenen, sowie den individuellen und gesellschaftlichen Folgen häuslicher Gewalt. Um die sozialpolitische Relevanz der Thematik einzuschätzen, wird vordergründig zumeist auf eine quantifizierende Perspektive abgestützt. Wichtige Facetten häuslicher Gewalt, als eines prozessualen Geschehens innerhalb spezifischer familialer Beziehungsgefüge, werden kontinuierlich erarbeitet und diskutiert.

Die Komplexität der *häuslichen Gewalt* zeigt sich in einigen *Charakteristika*, welche sie von anderen Gewaltkontexten unterscheidet. So ist häusliche Gewalt z. B. in einem bestimmten Beziehungskontext situiert, der mit Begriffen wie häuslicher Bereich oder Familie erfasst werden kann. Kennzeichnend ist hierbei, dass eine gewachsene, besondere, emotionale Beziehung zwischen den am Gewaltgeschehen beteiligten Personen existiert. Die Gewalt geht dabei von nahestehenden, bekannten und vertrauten Personen aus, die oftmals im gleichen Haushalt leben. Die körperlichen und seelischen Grausamkeiten ereignen sich meist in einem geografischen Raum – dem eigenen Wohnbereich –, der eigentlich als persönlich-privater Ort *Schutz und Sicherheit* für die Familie bieten sollte. Außerdem handelt es sich bei den Gewalthandlungen in der Regel nicht um singuläre, sondern um wiederholt auftretende, gewaltförmige Situationen, eingeordnet in ein spezifisches Beziehungsnetz und eine besondere Beziehungsgeschichte. Ausdrücklich ist an dieser Stelle zu betonen, das im Kontext häuslicher Gewalt ebenso Zuschauer*innen/ Zeugen*innen wesentliche Akteure sind. Es kann sich dabei um Gewalt zwischen (ehemaligen) Intimpartnern*innen handeln, um Gewalt von Eltern gegen ihre

N. Sabas, *Häusliche Gewalt*, https://doi.org/10.1007/978-3-658-44151-7_3

Kinder und umgekehrt, um Gewalt unter Geschwistern und auch um solche, die von anderen nahestehenden Personen ausgeht, respektiv gegen diese gerichtet ist. Bei häuslicher Gewalt handelt es sich also immer um gewaltförmige Situationen, die in ein besonderes, von emotionaler Nähe und gegenseitigen Abhängigkeiten gekennzeichnetes Beziehungsnetz mit eigener Geschichte und Dynamiken eingebettet sind. Und das Schlimmste hierbei ist, dass Schutzbedürftige diesen grauenvollen Taten unschuldig ausgeliefert sind.

An dieser Stelle ist es gleich, ob Sie Mitarbeiter*in des Jugendamtes, einer Kindertagesstätte, des Gerichts, oder im Bildungssystem tätig sind, für eine angemessene Auseinandersetzung mit häuslicher Gewalt dürfen Gewaltsituationen niemals isoliert, sondern müssen als Teil einer Gewaltgeschichte innerhalb eines gewachsenen Beziehungsnetzes betrachtet werden. Um durch die komplexe und vielschichtige Thematik der häuslichen Gewalt zu dringen, sind vielmehr verschiedene sich ergänzende Perspektiven notwendig (vgl. Kersten, 2015).

Der Bindungskontext, mit welchem häusliche Gewalt stark verflochten ist, zeigt deutliche Verknüpfungen mit vielfältigen emotionalen Bindungen, gegenseitigen Abhängigkeiten als auch unterschiedlichen Machtpositionen und Dominanzansprüchen der Gewaltakteure. Beziehungsgewalt kann demnach sowohl Ausdruck eines zumeist *männlichen Herrschaftssystems*, als auch Folge einer (in der Kindheit erlernten) Konflikteskalation sein. Damit verbunden sind jeweils andersartige Bedingungen, Dynamiken und Entwicklungen des Gewaltgeschehens, sowie verschiedenartige Auswirkungen, Handlungsmöglichkeiten und Handlungsbegrenzungen der Beteiligten. Die sich immer enger schnürenden *Gewaltmuster* sind nicht erst in der aktuellen Beziehung entstanden. Gewalttätiges Verhalten wird in der *Ursprungsfamilie* gelernt. Schutzbedürftige saugen diese gravierend schädigenden, erlernten Konfliktlösungen auf, die im Erinnerungszentrum des Gehirns gesichert werden. Dabei spielen u. a. zwei Hirnregionen eine entscheidende Rolle: die *Amygdala* und der *Hippocampus*. In der Amygdala werden Erlebnisse und physische Reaktionen mit den dazugehörigen Emotionen verknüpft und abgespeichert, ohne diese Gefühle gewissermaßen zu bewerten. Diese Bewertung findet anschließend im Hippocampus statt, wo das Erlebnis zeitlich und geografisch geordnet und die dazugehörenden Emotionen bewertet werden.

Im Fall (mit)erlebter häuslicher Gewalt wird das Gehirn jedoch mit Stresshormonen überflutet. Dadurch wird die Zusammenarbeit zwischen Amygdala und Hippocampus gestört. Je nach persönlichen Ressourcen und Schutzmechanismen speichert die Amygdala zwar die starken Emotionen, der Hippocampus kann das Ereignis aber nicht mehr chronologisch nach Ort, Zeit und Kontext des Geschehens ordnen. Ein *Trauma* wird ausgelöst. Die unterschiedlichen Eindrücke werden in Fragmenten und nicht als zusammengehöriges Ereignis im Gehirn abgespeichert.

So reicht zu einem späteren Zeitpunkt ein äußerer Reiz (eine schnelle Bewegung, Geruch, Geräusch), der an das schlimme Erlebnis erinnert, um die Amygdala zu aktivieren. Da das Gehirn die Erinnerung zeitlich und örtlich nicht zuordnen kann, hat die betroffene Person dann das Gefühl, als würde das traumatische Ereignis jetzt gerade wieder passieren. Ein enorm gestörtes Zusammenspiel ist die Folge. Um dieses Konstrukt zu durchbrechen, bedarf es in erster Linie das Erkennen und Reflektieren des Erlebten.

Zusammengefasst lässt sich sagen, dass bereits seit langer Zeit, gerade die Muster gewalttätigen Verhaltens in großem Maß in der (Ursprungs-)Familie gelernt und eingeübt werden und dass sie dann von Generation zu Generation weitergegeben werden. Dies gilt wieder für die gesamte Bandbreite dieser Muster, von der unmittelbaren physischen Gewalt über die anderen, verdünnten oder sublimierten Formen bis zu selbstzerstörerischen Formen von Neurosen, psychosomatischen Erkrankungen und schließlich Suizid. So erklären sich im Ergebnis unterschiedliche „Mentalitäten" von Völkern ganz ähnlich wie die „Stile" von Familien. Muster von Gewalt werden gelernt, eingeübt, habitualisiert, ritualisiert. Die Phänomene, die seit einiger Zeit unter dem Begriff der *häuslichen Gewalt im familiären Beziehungsgefüge* diskutiert werden, sind insoweit kein neues soziales Terrain. Festverankerte Gesetze und das Zusammenspiel zwischen staatlichen und sozialen Institutionen versuchen *häusliche Gewalt* in ihrem grauenvollen „Spielraum" zu ersticken.

„Als das Jugendamt in unser Haus kam, war ich erleichtert. Die Sozialarbeiterin hat mir geholfen, mich aus der Gewalt zu lösen. Ich wollte den Kreislauf durchbrechen für meine Töchter. Alleine hätte ich es nicht geschafft. Jetzt muss ich lernen, schädigendes Verhalten frühzeitig zu erkennen. Doch das braucht Zeit. Die Wunden sind verheilt, aber mein Herz schmerzt." (Ella, 34 J.).

Die Entdeckung einer sozialen Problematik

4

Häusliche Gewalt als soziales Problem? Wenn alle Menschen auf dieser Welt diese Fragestellung mit einem glasklaren *„Ja!"* beantworten könnten, wäre der erfolgreichste Schritt gegen Gewalt bereits getan. Der Ursprung von einem sozialen Problem ist immer eine gesellschaftliche Fehlentwicklung. Damit sie sich aus soziologischer Sicht aber auch als soziales Problem etabliert, muss diese Problematik „abgegrenzt, strukturiert und im gesellschaftlichen und politischen Raum definiert werden" (vgl. Groenemeyer, 2002).

Bevor eine problematische Situation in der Gesellschaft als ein soziales Problem betrachtet wird, erfolgt ein Definitionsprozess, der wiederum unterschiedliche Merkmale beinhaltet. Zu Beginn eines Definitionsprozesses steht das sog. *Alltagswissen*. Jeder Einzelne ist Teil der Gesellschaft, nimmt mehr oder weniger aktiv am gesellschaftlichen Leben teil und teilt somit Erfahrungen über gesellschaftliche Funktionsweisen und Entwicklungsprozesse. Hierzu zählen gewisse Moralvorstellungen. Für die Konstitution eines sozialen Problems haben diese Normen und Werte eine bedeutende Funktion. Eine gewisse Ordnung bzw. ein Maßstab für Abweichungen vom Normal- bzw. Sollzustand der Gesellschaft wird ausgedrückt. An ihnen wird gemessen, ob ein gesellschaftlicher Entwicklungsprozess überhaupt problematisch ist.

Wenn wir uns die deutsche Gesellschaft ansehen, wird ein Sollzustand durch das Grundgesetz vorgegeben. So heißt es im obersten Verfassungsgrundsatz, Art. 1 des Grundgesetzes: „Die Würde des Menschen ist unantastbar." Bezugnehmend auf den Themenschwerpunkt *Gewalt* wird dieser in Art. 2 noch näher definiert: „Jeder hat das Recht auf Leben und körperliche Unversehrtheit. Die Freiheit der Person ist unverletzlich." Für die Frage, ob *häusliche Gewalt* als ein soziales Problem angesehen wird, ist die Beurteilung des Sollzustandes einer gewaltfreien

Gesellschaft maßgeblich. Des Weiteren ist für die Rechtsbestimmung eines sozialen Problems die Frage nach den Akteuren eines vermeintlichen Definitionsprozesses äußerst relevant.

Damit sich das gesellschaftliche Problem als soziales Problem etabliert, muss es zunächst kollektiv durch die Gesellschaft bzw. von einer bedeutenden Anzahl von Personen über längere Zeit als störend wahrgenommen werden (vgl. Groenemeyer, 2002).

Zudem „beinhaltet die Bestimmung sozialer Probleme die Möglichkeit und Notwendigkeit von Veränderungen der Situation und die Entwicklung von Gegenmaßnahmen und Politik".

Groenemeyer erklärt, dass neben gesellschaftlicher Fehlentwicklung als definiertes soziales Problem, ferner die Möglichkeit besteht, dass ein gesellschaftlicher Veränderungsprozess zwar von der idealen Ordnung als Normalzustand abweicht, von den Gesellschaftsmitgliedern aber noch nicht als Leiden verursachend wahrgenommen wird. Fehlverhalten der Gesellschaft wird gewissermaßen toleriert. In diesem Fall handelt es sich um ein latentes soziales Problem.

Michael Bock, deutscher Rechtswissenschaftler, Kriminologe und Soziologe sah sich das Aggressionspotenzial eines Menschen genauer an: Im Gegensatz zu Tieren, bei denen Aggressivität instinktiv ausgelöst wird und in festen Verhaltensweisen abläuft, hat der Mensch von Grund auf diverse Möglichkeiten des Umgangs mit seinem vorhandenen Aggressionspotenzial. Der Mensch ist in der Lage, diese Aggression für später aufzusparen, in der Fantasie zu erproben, Pläne damit zu schmieden oder die Konsequenzen zu fürchten. Weiter kann der Mensch die Aggression gegen andere, aber auch in Form von Neurosen und psychosomatischen Krankheiten gegen sich selbst wenden. Verbale Gewalt, psychische Gewalt, strukturelle Gewalt, Gewalt gegen Gegenstände – all dies sind vorhandene Ventile bzw. Formulierungsversuche, um zum Ausdruck zu bringen, dass die unmittelbare körperliche Gewalt gegen eine andere Person zwar wohl die *Urform der Gewalt* schlechthin ist, dass es aber auch andere Konstellationen gibt, bei denen sich Menschen als geschädigte Person fühlen, die die Ursache als „Gewalt" definieren und dies auch sozial einbinden. Michael Bock weist darauf hin, dass wenn der Mensch die Aggressivität und daher das Potenzial zur Gewalt als unlösbaren Bestandteil der menschlichen Natur ansieht, dann erscheint das Auftreten von Gewalt nicht als erklärungsbedürftig, da sie das Normale und Erwartbare ist. Weit mehr sei der Umstand erklärungsbedürftig, dass die meisten Menschen zu den meisten Zeiten Gewalt unterlassen oder „verdünnte Versionen von Gewalt" nach außen tragen. Vor diesem Hintergrund ist der Mensch in der Lage, zu sozialverträglichem Verhalten zivilisiert zu werden. Wenn wir uns das Instanzenmodell (Ich, Es, Über-Ich) von Sigmund Freud ansehen, dann wird sehr deutlich, dass dem ursprünglichen Sitz der

Antriebe und Bedürfnisse („Es") das „Über-Ich" entgegengebaut wird, das die destruktiven Energien moralisch zensiert, und dass ein starkes „Ich" entsteht, das einen vernünftigen Ausgleich zwischen Lust und Moral herstellt (vgl. Schuler, 2022). Die destruktiven Potenziale können somit auf gesunde Weise umgeleitet werden, z. B. in Arbeit, in wissenschaftliche, künstlerische oder humanitäre Leistungen, sogar in Fürsorglichkeit und Liebe, aber immer bleiben sie „latent" vorhanden und können in kleinen oder großen biografischen oder sozialen Krisen ausbrechen.

4.1 Zusammenhänge von Gewalt gegen Frauen und Gewalt gegen ihre Kinder

Die Aufmerksamkeit der grausamen Situation zahlreicher Jungen und Mädchen im Kontext häuslicher Gewalt ist seit Ende der 1990er-Jahre in Deutschland kontinuierlich in den Fokus fachlicher und politischer Diskussionen gerückt. Die intensive Auseinandersetzung mit der „sozialen Problematik" nahm einen starken Einfluss vor allen Dingen im Rechtsgebiet und Kinderschutz. Die Rezeption von aktuellen Forschungsergebnissen aus dem Ausland führte zu einer Intensivierung fachlicher Auseinandersetzung, sodass entscheidende Brücken zwischen den Bereichen Forschung und Praxis gebaut wurden, auch mit einer möglichen Abgrenzung betroffener Frauen, Männer und Schutzbedürftiger (vgl. Kavemann & Kreyssig, 2013). Diverse Praxisfälle und neuartige Kooperationsvereinbarungen trugen dazu bei, dass das Problem der Kinder, die mit der Gewalt in der Beziehung ihrer geliebten Eltern leben müssen, in seiner Dringlichkeit erkannt und behandelt wurde. Was längst überfällig war, wurde zu einem Handlungsschwerpunkt, welcher weiterhin stark entwicklungsbedürftig ist. Leider sind heute noch die Bereiche Schutz und Unterstützung von Frauen bei Gewalt in der Partnerschaft, Sicherung des Kindeswohls sowie die Umsetzung der Rechte der Kinder im Umgang mit ihren Vätern nach Trennung und Scheidung mit erheblichen Konflikten verknüpft.

Die sehr interessante Untersuchung „Lebenssituation, Sicherheit und Gesundheit von Frauen in Deutschland" legte für Deutschland erstmalig entscheidende Ergebnisse u. a. zu Gewalt gegen das weibliche Geschlecht in Beziehungen vor. Zehntausend Frauen wurden nach ihren Gewalterfahrungen befragt. Das Ergebnis: 25 % der betroffenen Frauen teilten mit, bereits seit ihrem 16. Lebensjahr mindestens einmal eine Form der Gewalt durch einen männlichen Partner erlebt zu haben, davon zwei Drittel weit mehr als einmal. Einerseits gaben 20 % der von Gewalt betroffenen Frauen die Geburt eines Kindes als Lebensereignis an, das sie als Auslöser für den Beginn der Gewalt ansahen. Andere Betroffene empfanden die

Schwangerschaft als Auslöser der Grausamkeiten. Andererseits können auch die Vorbereitungen einer Familiengründung, das Beziehen einer gemeinsamen Wohnung oder die Eheschließung Lebensereignisse sein, die in die „Hände des Täters" führen. Des Weiteren haben über die Hälfte der befragten Frauen gemeinsam mit ihren Kindern zusammengelebt. In diesem Zusammenhang berichteten sie, dass ihre Kinder die gewalttätigen Eskalationen miterlebt hatten.

Dies gleicht den Inhalten der vertrauensvollen Gespräche mit Frauen aus Frauenhäusern. Der Blick der Frauen, auf die Nachfrage, wo das Kind, die Kinder gewesen seien, als ihr Partner sie physisch und psychisch attackierte, war nahezu identisch. Jedes Mal legte ich meine Hand auf die Hand der Betroffenen und sagte: „Sie sind hier in Sicherheit." Dann fasste die betroffene Frau Mut und berichtete ausführlich, dass die Kinder nahezu jede grausame Situation miterlebt hatten, bzw. sogar als „Streitschlichter" dazwischengingen.

Kinder (57 %) hatten die Gewalt mit angehört bzw. mit angesehen (50 %). Es ist keine Seltenheit, dass Schutzbedürftige in die massiven Auseinandersetzungen hineingeraten und sogar körperlich und seelisch angegriffen werden.

„Mein Expartner hatte sich fest vorgenommen, mich nicht mehr zu schlagen. Dann wählte er einen anderen Weg. Immer wenn er das Gefühl hatte, mich körperlich angreifen zu wollen, nahm er unsere 3-jährige Tochter auf seinen Arm, wandte sich ihr zu und sagte ihr, dass ich eine Hure sei, dass er mich am liebsten totschlagen wollen würde. Ich sagte, er solle damit aufhören, aber er sagte, Elli beruhigt mich. Bevor ich dich totschlage, beruhige ich mich lieber so." (Vanessa, 20 J.).

Die Untersuchungen zeigten weiter, dass ein Viertel der Kinder versucht hatten, ihre geliebte Mutter aktiv zu verteidigen. 2 % stellten sich nach Aussagen der betroffenen Frauen auf die Seite des gewalttätigen Partners. Der traditionelle familiäre Rahmen, d. h., Zusammenleben, Eheschließung, Kinderplanung bedeuten eine starke Bindung an den gewalttätigen Partner und somit das Risiko und ein großes Hindernis, die Gewaltspirale zu durchbrechen. Bis Trennung und Scheidung bzw. Eingriff z. B. des Wächteramtes der einzige Ausweg aus der Gewalt sind, eskaliert die Gewalt zunehmend in diesem toxischen Muster, das allerdings nicht immer zur Beendigung der Grausamkeiten führt. Die Mädchen und Jungen in diesen Familien leben somit sehr lange Zeit mit der Gewalt, sind oftmals selbst von Gewalt betroffen und haben ergänzend dazu, die Trennung vom geliebten Kindesvater zu verkraften.

Wenn Frauen von Eifersucht und Kontrolle ausgehend vom Partner sprechen, wird dieses Verhalten innerhalb ihres hierarchisch konstruierten Rollenverständnisses nicht unmittelbar als Gewaltakt verstanden. Wenn Kinder intensive Eifersucht, psychisch-verbale Gewalt und Drohungen erleben, kann das große Ängste auslösen. Diese Form der Gewalt kann erhebliche gesundheitliche Auswirkungen für die betroffenen Frauen haben, was wiederum eine große Bedeutung für die Kinder hat. Denn die geliebte Mutter steht ihren Kindern psychisch nicht vollumfänglich zur Seite. Die betroffene Frau fühlt sich geschwächt, energielos, der erzieherische Geduldsfaden scheint in einigen Situationen zu reißen. Aufgrund der enormen Überforderungssituation der Kindesmutter gelingt es ihr nicht, die Bedürfnisse des Kindes zu erkennen, hierauf orientiert am Kindeswohl einzugehen. Erzieherische Überforderungen können ebenfalls in gewalttätige Erziehungsmuster münden. Das Verhalten der Kinder (Wutanfälle, Umgang mit Emotionen, Grenzaustestungen, körperliches Raufen, Konflikte zwischen den Geschwistern, niedrige Frustrationstoleranz etc.) werden auf die eigenen Person, nicht auf den Entwicklungsstand des Kindes bezogen. Wo einst Geduld, liebevolle und klare Intervention stattgefunden hat, bricht die am Kindeswohl orientierte, erzieherische Begleitung zusammen.

4.2   Muster und Dynamiken von Beziehungsgewalt

Häusliche Gewalt ist ein komplexes und vielschichtiges Phänomen. Die Abgrenzung von Familienstreitigkeiten, Beziehungskonflikten und Gewalt ist in der Praxis nicht immer einfach zu unterscheiden. Jedoch werden bestimmte Abgrenzungsmerkmale beschrieben. Streit und Konflikte gehen vorwiegend mit verbalen Übergriffen und teils auch mit Tätlichkeiten einher, wobei in der Beziehung der Akteure ein dominierendes Machtgefälle besteht. Allerdings teilen sich die Meinungen, wenn es sich um einzelne Gewalthandlungen wie Anschreien und Wegstoßen handelt. Einmalige Gewalthandlungen werden häufig nicht als häusliche Gewalt eingestuft, es sei denn, die Betroffenen haben Verletzungsfolgen oder Handlungen werden von Frauen und Kindern als bedrohlich, beängstigend oder gewalttätig erlebt. Schwerwiegende elterliche Dauerkonflikte sind immer eine Gefährdung des Kindeswohls (vgl. Büchler, 2015).

Häusliche Gewalt kann sich in subtilen Formen psychischer Gewalt manifestieren, wie gezieltem oder anhaltendem Abwerten, Einschüchtern, Drohen oder dem Unterbinden sozialer Kontakte im vertrauten oder beruflichen Kontext. Gewalthandlungen, die den Betroffenen zunächst nicht schwerwiegend erscheinen, kommen oft nicht isoliert vor, sondern sind Bestandteil eines toxischen Handlungsmusters. Für eine Beurteilung, ob häusliche Gewalt vorliegt, die sich von *gewöhnlichen* Streitigkeiten unterscheidet, müssen die Verhaltensmuster der gewaltausübenden Person, das subjektive Gewalterleben der betroffenen Person und die unmittelbaren und langfristigen Folgen der Gewalt auf die betroffene Person einbezogen werden (vgl. Kapella et al., 2011). Basierend auf dem theoretischen Konzept von Johnson werden in der Gewaltprävention und Forschung verbreitet zwei Grundmuster von Gewalt unterschieden: *situative Gewalt* bzw. *spontanes Konfliktverhalten* und *systematisches Gewalt- und Kontrollverhalten* (vgl. Johnson, 2008).

Situative Gewalt bzw. spontanes Konfliktverhalten wird dadurch charakterisiert, dass es einmalig, wiederholt oder auch regelmäßig bei Partnerschafts- oder Familienkonflikten zu gewalttätigen Handlungen kommt. Durch diese expressiven Gewalthandlungen sollen innere Spannungen abgebaut und die Konfliktsituation aufgelöst werden. *Situative Gewalt* wird begünstigt durch individuelle oder familiäre Belastungen. Des Weiteren verschärfen fehlende Ressourcen hinsichtlich Kommunikationsfähigkeit, Beziehungsfähigkeit, Konfliktlösungskompetenz, sozialer und sozioökonomischer Ressourcen diese Form von Gewalt. *Situative Gewalt* beinhaltet kein ständiges Muster von Macht und Kontrolle, kann jedoch (schleichend) in ein *systematisches Gewaltmuster* übergehen.

Systematisches Gewalt- und Kontrollverhalten hat nach diesem Muster einen systematischen und anhaltenden Charakter. Kennzeichnend ist ein asymmetrisches, missbräuchliches Beziehungsverhältnis. Es zeigt sich ein Muster unterschiedlichster kontrollierender, entwürdigender und machtmissbrauchender Verhaltensweisen. Diese Gewaltspirale hat das Ziel, die Partnerschaft und die betroffene Frau zu dominieren und ein nachhaltiges Machtgefälle zu schaffen. Auch nach einer Trennung können diese Verhaltensmuster weiterhin Bestandteil des Lebens der betroffenen Frau und ihrer Kinder sein.

Dynamik der psychischen Gewalt

„Wo soll ich beginnen? Die Quälerei fing an, als das erste Kind auf die Welt kam. Als er ein Versicherungsbüro eröffnet hat, fragte er mich zunächst, ob ich das Büro putze und die Buchhaltung machen könnte, um Kosten zu sparen. Dann wurde das ‚hin und wieder‘ aushelfen zur Pflicht, neben Haushalt und Kindererziehung. Es gab Wochen, an denen ich nur zwei Stunden geschlafen habe, weil unser Sohn furchtbare Koliken hatte, oder einen weiteren kleinen Zahn bekam. Als ich versucht habe, unseren Sohn zu beruhigen, ist er ausgerastet, hat mit der Faust gegen die Wand geschlagen, und brüllte, dass er morgen fit auf der Arbeit sein müsse. Als ich sagte, er solle sich beruhigen, und auf die Couch gehen, beleidigte er mich, ging entschlossen auf mich zu und hielt mit blutrünstigem Blick, seine geballte Faust vor mein Gesicht. Das alles, während ich unseren Sohn im Arm hielt. Ich nahm die Situation nicht so ernst, denn Schlaflosigkeit ist Folter gleichzusetzen.“ (Frau C., 32 Jahre).

Über einen langen Zeitraum hinweg erleben zahlreiche Frauen und ihre Kinder psychische Gewalt, die zum festen Bestandteil ihres Alltags wurde. Auch Marie France Hirigoyen (2006), eine französische Psychiaterin und Psychotherapeutin, die maßgeblich zur Gesetzgebung gegen psychische Gewalt in Frankreich beigetragen hat, spricht davon, dass Frauen sich mit psychischer Gewalt „abfinden", weil diese Form von Gewalt nicht sofort als solche wahrgenommen wird. Vielmehr baut sie sich in einer steigenden Dynamik schrittweise auf. Zunächst äußert sich psychische Gewalt in verschiedenen *Mikrogewalten*, von denen man nicht ganz sicher ist, ob sie eigentlich vorübergehende schlechte Launen sind oder als strategisch-zerstörerisches Verhalten bewertet werden müssen. Sehen wir uns ein paar konkrete Beispiele an, damit Sie es etwas besser erfassen können.

Nehmen wir folgenden Alltagsgegenstand: Zu Beginn einer Partnerschaft wurde vereinbart, dass die finanziellen Mittel zusammengelegt werden und ein gemeinsames Konto mit zwei Bankkarten eröffnet wird. Zunächst verläuft alles unauffällig. Die Fixkosten sind beglichen. Stellen Sie sich vor, Sie gehen arbeiten, kaufen sich gerne Literatur, ein neues Sommerkleid u. a. Eines Tages finden Sie plötzlich Ihre eigene Bankkarte nicht mehr. Sie sehen nur eine, die auf den Namen Ihres Mannes lautet. Von nun an heißt es, dass der Mann das „Haushaltsgeld" alleine verwaltet. Schleichend hat er u. a. durch eine manipulative Weise, seine Macht über das Geld erreicht. Der betroffenen Frau fällt aufgrund des „strategischen Plans" gar nicht auf, dass es eigentlich völlig absurd ist, wenn sie darum bitten muss, dass sie ein wenig von dem Geld bekommt, welches sie selbst verdient hat.

Wenn eine Frau immer und immer wieder von ihrem Partner als minderwertig, stupide, unattraktiv und anstrengend etc. bezeichnet wird, und ihr im selben Zug der Kontakt zu anderen Menschen verboten wird, die dieses verzerrte Bild über sie korrigieren könnten, ist die Wahrscheinlichkeit sehr groß, dass die Geschädigte eines Tages diese verzerrte Wahrnehmung ihres Selbst in sich aufsaugt.

„Zur Müdigkeit folgten immer wieder Streitigkeiten und verbale Attacken. Langsam fürchtete ich mich vor den Wochenenden, denn dann waren wir als Familie zusammen. Er sagte mir immer wieder, dass ich dumm und hässlich sei. Verdorben wie meine Familie. Später dann, wenn ihn etwas störte, hat er mir eine gescheuert oder mich verprügelt. Zunächst hat er mich getreten. Ich bin neben mein Kind auf den Spielteppich gefallen und konnte mit ihm die nächsten Wochen nicht zum Kinderturnen. Dann spitzte sich die Gewalt zunehmend zu: Ich hatte öfter blaue Flecken, ein blaues Auge oder Würgemale am Hals. Andere Leute sollten von den Gewalttaten nichts mitbekommen, sodass ich log, ich sei die Treppe heruntergefallen oder gegen eine Tür gelaufen." (Frau K., 35 Jahre).

Dazu kommt, dass viele dieser Frauen zumindest einmal, meist jedoch mehrfach physische Gewalt erfahren haben. Für eine Frau, die einmal körperlich
schwer misshandelt wurde, genügt bereits ein bestimmter Blick oder eine Geste
des Gewalttäters, um sein Opfer an diese Misshandlung zu erinnern. In dieser
stillen Gewalt wird die betroffene Frau in Angst und Erschrecken versetzt. Was
für Außenstehende völlig harmlos erscheinen mag, schüchtert die Frau massiv
ein. Bei einigen Betroffenen kommt das Gefühl des „hier stimmt etwas nicht"
hervor, sie möchten sich Hilfe suchen, um ihre Gewalterfahrungen und Erlebnisse zu verbalisieren, und doch können sie ihre erlebte Gewalt nicht in Worte
fassen.

Ein Praxisbeispiel:

Im Rahmen meiner Tätigkeit im *Jugendamt* wurde ich zu Gericht geladen. Die
Kindesmutter hatte einen Antrag auf das *alleinige Sorgerecht* gestellt. Die Kindesmutter erwähnte lediglich, dass ihr Ehemann sehr eifersüchtig sei. Mehr Worte
hatte die betroffene Frau vor dem Richter nicht berichten können. Ich erinnere
mich noch an die Worte des Anwaltes, den der Ehemann für sich beauftragt hatte.
„*Nun, Eifersucht ist zwar unangenehm, kommt aber in vielen Beziehungen vor, und
ich sehe hier keine Dramatik.*" Glücklicherweise hatte ich vorab ausführlich die
Fakten in einer schriftlichen Stellungnahme dem Familiengericht zugesandt. Somit
wurde das Gewalterleben der Kindesmutter und der Schutzbedürftigen als psychische Gewalt ins Protokoll aufgenommen und das Aufsuchen von Hilfestellungen
vereinbart. Damit betroffene Frauen und Kinder von den Grausamkeiten erzählen,
brauchen die Geschädigten zunächst das subjektive Gefühl, vor dem Peiniger sicher zu sein, und dann ein aufmerksames Gegenüber, dem sie vertrauen können,
das genau zuhört und auch nachfragt.

Würde die Kindesmutter von ihren tatsächlichen Erlebnissen berichten, wie
z. B. dass der Partner beim Verlassen des Hauses ruft und verlangt, dass er die
U-Bahndurchsagen hören möchte, um zu kontrollieren, wo sich seine Partnerin gerade befindet, oder dass der Partner alle ihre SMS liest, sie mit der Nachbarin nicht
reden darf etc., wäre der Sachverhalt auf juristischer Ebene sehr deutlich. Des Weiteren müsste sie vor dem Hintergrund des Fallbeispiels offenbaren, dass sie, als sie
einmal vom Besuch ihrer Mutter zu spät nach Hause kam, von ihrem Mann nicht
mehr in die Wohnräume gelassen wurde und die Nacht im Keller verbringen
musste, da der Partner der festen Überzeugung war, dass sie mit anderen Männern
Geschlechtsverkehr gehabt hätte. Die Kindesmutter schaffte es vor Gericht nicht,
diese grausamen Situationen zu verbalisieren. Die Kinder hatten diese Grausamkeiten ihrer Eltern mitbekommen.

Der Gewaltzyklus

Wenn Gewalt nicht nur einmalig ist, sondern immer wieder vorkommt, so ist meist ein Schema zu beobachten, welches als Gewaltzyklus bezeichnet wird. Der von Lenore E. Walker (1994) erforschte Kreislauf, besteht aus vier Phasen:

1. *Phase: Spannungsaufbau:* schlechte Stimmung, Bedürfnisse zurückstellen, Aggressivität.
2. *Phase: Gewaltausbruch:* eigentlicher Gewaltakt.
3. *Phase: Ruhe, Reue, Zuwendung:* Entschuldigungen, Reue, Liebe, Zuneigung, Hoffnung.
4. *Phase: Abschieben der Verantwortung:* Gewalt verharmlosen, Verantwortungsabschiebung, Nachlassen der Zuneigung.

Die *erste Phase* baut sich über einen längeren Spannungszeitraum auf, in welchem sich die Gewalt kontinuierlich steigert. Charakteristisch hierfür ist, dass die im Haushalt lebenden Personen versuchen, der gewalttätigen Person alles recht zu machen, um einen Gewaltausbruch zu verhindern. Vor diesem Hintergrund glauben Geschädigte oft, dass sie die Verantwortung tragen, wenn es dann zur zweiten Phase kommt. Die Dynamik der *zweiten Phase* ist meist kurz, aber dafür die gefährlichste, da hier der eigentliche Gewaltakt stattfindet. Das Ziel des Peinigers ist die Demonstration von Macht und Kontrolle.

In der *dritten Phase* zeigt der Gewalttäter die Emotion der Reue und ist in der Lage, sich zu entschuldigen. Die betroffene Frau erfährt liebevolle Zuneigung und Aufmerksamkeit, z. B. durch einen Blumenstrauß, neue Kleidung etc. So bekommen die Opfer neue Hoffnung und geben der Beziehung eine weitere Chance. Meist wird einfach weitergelebt wie vor der Gewalttat. Die Verdrängung des Gewaltaktes wird großgeschrieben und die Möglichkeit, dass ein weiterer Gewaltausbruch auftreten könnte, wird beiseitegeschoben.

Dann folgt die *Phase der Abschiebung der Verantwortung:* Der Gewalttäter versucht in diesem Spannungsfeld, die durch ihn ausgeübte Gewalt zu verharmlosen, zu bagatellisieren oder die Verantwortung für sein Handeln der Frau oder sogar den Kindern zuzuschieben.

Die Dynamik wächst erneut, die Gewalt wird zunehmend gefährlicher. Das Gefühl der Reue ist erstickt. Der Übergang zur ersten Phase erfolgt an dieser Stelle fließend. Der Gewaltzyklus kann nur durchbrochen werden, indem sich die Geschädigte trennt oder Außenstehende, wie die Polizei und/oder das Wächteramt, einschreiten. Wenn der Gewaltzyklus nicht beendet wird, steigt die Dynamik nahezu täglich an und endet nicht selten mit dem Tod. Laut Backes und Betonni

(2021) versucht in Deutschland jeden Tag ein Mann, seine Frau umzubringen. Die Familientragödien werden verharmlost, zahlreiche Fälle verborgen, die die patriarchalen Macht- und Gewaltmuster, die sich tief durch unsere Gesellschaft ziehen, verdecken. Institutionen, die aufgrund ihres Fallaufkommens, Minderbesetzung u. a. „den Wald vor lauter Bäumen" nicht sehen, und/oder aus Angst und fachlicher, persönlicher Unsicherheit zu ungenauen, verspäteten Interventionsmethoden greifen, sorgen zunehmend für ein institutionelles Versagen.

4.2.1   Ursachen von häuslicher Gewalt

„Als ich 8 Jahre alt war, schlug mich meine Mutter mit dem Kabel, nach 20 Jahren schleuderte mein Mann meinen Kopf gegen die Heizung." (Mia, 29 Jahre).

In zahlreichen Beratungsgesprächen hatte ich von Betroffenen, aber auch von Tätern mehrfach erfahren, dass sie selbst Opfer von Gewalt in der Kindheit waren. Meistens wurden sie als Kind selbst geschlagen und/oder erlebten grausame Taten, die an ihrer geliebten Mutter verübt wurden. Ihre „Zartheit an Kinderseele" musste das Unerträgliche mitansehen, wenn z. B. die Kindesmutter vor Schmerzen schrie, gegen die Wand geschubst wurde und die „Unterschrift" des Täters anhand einer Blutspur an der Wand sichtbar wurde. Unterschiedliche, grausame Beispiele aus der tagtäglichen Praxis, z. B. die Frau hat sexuellen Missbrauch in der Kindheit erlebt, der erwachsene Täter wurde als Junge von einem unberechenbaren alkoholkranken Vater regelmäßig verprügelt und danach in den Keller weggesperrt, zeigen sehr deutlich, dass das Erlebte stark im (Unter-)Bewusstsein mitschwingt. Alle diese Kinder lernten, Konflikte nur auf diese Art und Weise zu lösen – und zwar mit Gewalt.

Erfahrungswerte und Handlungsstrukturen, die bei den Eltern und oft schon bei den Großeltern hochgradig kindeswohlgefährdend sind, scheinen sich im selben Muster zu wiederholen – und somit auch in den zukünftigen Generationen. Das Phänomen der Wiederholung – sei es als Opfer immer wieder in gewaltträchtige Beziehungen oder Situationen hineinzurutschen oder als Täter immer wieder in unhaltbare Aggressionen auszubrechen – ist ein Merkmal der *„komplexen posttraumatischen Belastungsstörung".* Dieser Begriff wurde von Judith Herman (2014) geprägt, einer amerikanischen Therapeutin, die sich mit dem Themenschwerpunkt *„Narben der Gewalt"* intensiv befasste.

Laut Brückner (2018), Professorin für Soziologie, Frauen- und Geschlechterforschung und Supervision, ist häusliche Gewalt immer das Ergebnis einer (bewussten oder unbewussten) Entscheidung, denn es besteht immer eine Handlungsalternative und die wäre, – nicht zuzuschlagen. Diese gewalttätigen Handlungsmethoden sind ein erlerntes, beabsichtigtes Verhalten und nicht die Konsequenz aus Stress, psychopathologischen Besonderheiten, Alkohol- und Drogenkonsum oder einer schädlichen Beziehung. Der Gewaltakt, ob psychisch oder physisch, ist ein Mittel, um Kontrolle über die Partnerin zu erlangen, zu erhalten und den eigenen Willen als auch einen Machtanspruch an die Frau durchzusetzen. Häusliche Gewalt kann eine Reaktion auf eine (vom Täter empfundene) Gefährdung der eigenen Machtposition sein. Aktuelle Studien zeigen, dass häusliche Gewalt vielfach ausgelöst wird durch das Gefühl der Eifersucht und das Verlangen des Täters, die Frau zu besitzen. Des Weiteren ist der Wunsch nach einwandfreien „Hausfrauendiensten" (wozu auch die sexuelle Verfügbarkeit der Frau zählt) groß und nicht zuletzt der Wunsch, die männliche Überlegenheit gegenüber der Weiblichkeit zu demonstrieren (vgl. Brückner, 2014).

Vor diesem Hintergrund kann häusliche Gewalt als Konsequenz der strukturellen Ungleichheiten zwischen Mann und Frau verstanden werden. Diese wurzeln in patriarchalen Traditionen, die auch in heutigen modernen Gesellschaften noch immer wirken. Entscheidend sind die darin enthaltenen Männer- und Frauenbilder, die Männlichkeit als Macht, Stärke, Dominanz definieren und Weiblichkeit mit Duldsamkeit, Passivität, Unterlegenheit verbinden.

In diesem Zusammenhang müssen wir uns die Bereiche ansehen, die durch *das Erleben andauernder Gewalt in der Kindheit* beeinträchtigt werden:

Regulation von Affekten und Impulsen
Wutausbrüche sind schwer zu kontrollieren, Aggressionen werden z. T. gegen sich selbst gerichtet, das kann sich auch in Selbstverletzungen zeigen. Des Weiteren ist die Neigung zum Selbstmord vorhanden. Zudem gibt es Störungen in der Sexualität (nicht nur bei Opfern von sexueller Gewalt). Ein exzessives Risikoverhalten kann ebenfalls in Erscheinung treten.

Aufmerksamkeit und Bewusstsein
Auch diese beiden Bereiche sind erheblich gestört. Es gibt Erinnerungszeiträume, unabhängig vom Alkoholkonsum. Die Betroffenen schildern, z. B. neben sich zu stehen oder sich selbst und die Umgebung als fremd zu erleben.

Selbstwahrnehmung
In diesem Selbstbild gibt es kein Vertrauen noch eine gesunde Selbsteinschätzung. Betroffene plagen Gefühle der Schuld und Scham. Sie haben Schwierigkeiten sich anderen Menschen anzuvertrauen, gehen in Isolation oder bagatellisieren die Gefahr.

Somatisierung

Als Kompensation für die Verdrängung von Gefühlen wie Wut und Angst entstehen psychosomatische Schmerzen, die sich z. B. in Magen-Darm-Problemen zeigen. Diese Somatisierung kann in chronische Erkrankungen übergehen und andere Beschwerden bis hin zu schweren chronischen Erkrankungen wie bspw. ein Tumor können in Erscheinung treten.

Lebenseinstellungen

Die persönlichen Lebenshaltungen ähneln denjenigen von hoffnungslosen und machtlosen Kindern, die dem Leben hilflos ausgeliefert sind. Mit dem Verlust des Urvertrauens herrscht Verzweiflung und Resignation. Nicht selten erkranken die Betroffenen an Depressionen. Des Weiteren ist es für Betroffene schwierig, Beziehungen aufzubauen, da starkes Misstrauen herrscht.

Die gegenseitige Verstrickung

Wenn die Dynamik an erlebter Gewalt sich zuspitzt, geraten die Betroffenen erneut in einen Teufelskreislauf. Beide Partner haben in der Regel Gewalt in der Ursprungsfamilie als Kind erlebt. Im Augenblick des Konflikts werden beim Täter wie beim Opfer beide Anteile internalisiert, insbesondere dann, wenn sich der Prozess in der Kindheit wiederholt hat und die Überlebensstrategien sich chronifizierten. Schmerzen, Ohnmacht und Hilflosigkeit, Wut, Aggression und Entlastungsfunktionen gelangen an die „Handlungsoberfläche". Der Peiniger erlebt nicht nur seine eigene Ohnmacht und Ausweglosigkeit kurz vor der entlastenden Übersprungshandlung in einen aggressiven Ausbruch, sondern auch die Unterwerfung, den Totstellreflex und die Reduktion von Schmerzempfindungen beim Opfer.

Menschen, die ständig Gewalt in der Familie erlebt haben, gelangen unbewusst in *Risikobeziehung*en, die alte Traumata aktivieren können. Dies wird u. a. durch das Bindungshormon Oxytocin unterstützt, das bei Frauen stärker, bei Männern schwächer wirkt. Aufgrund des bekannten herrschenden Rollenbildes (aus der Kindheit) sind dies bei Männern eher der hilflose, sich selbstentwertende Anteil des Opfers und bei Frauen der mächtige, brutale, aggressive Teil des Täters. In der Liebesbeziehung stößt die projektive Identifikation auf einen verletzten Anteil im Partner oder der Partnerin, der durch die Erwartung des Gegenübers verstärkt oder ins Leben gerufen wird, auch reziproke Self-Fulfilling Prophecy genannt, die diese bereits erlebte Gewaltspirale immer wieder ankurbelt. Die Gewalt verringert sich mit der Dauer der Beziehung nicht, ganz im Gegenteil. Beiden Betroffenen fällt es schwer, diese Hölle zu verlassen und gegen ein „friedliches Miteinander" einzutauschen. Hier fehlt es erheblich an erlernten und tief verinnerlichten Lösungsmechanismen.

Somit spielen auf der individuellen Ebene Konfliktlösungsmuster und individu-elle Lebenserfahrungen eine entscheidende Rolle. Die Ursache: Wer in der eigenen Kindheit nur gewalttätiges Verhalten und Dominanz des Stärkeren erlebt hat, wird auch als Erwachsener höchstwahrscheinlich dieses schädliche Verhalten zeigen – auch seinen Kindern gegenüber. Doch das ist in keiner Weise eine Entschuldigung dafür, bei Konflikten zuzuschlagen. Ganz im Gegenteil: Wer sich seiner gewalt-belasteten Biografie bewusst ist, hat den ersten Schritt getan, um die Entscheidung zu treffen, Konflikte gewaltlos zu lösen und sein Selbstvertrauen zu aktivieren. Denn aus meiner persönlichen Sicht, hat auch der Täter diese grundlegende Har-monie in sich, die in eine heilsame, individuelle Richtung geführt werden muss, um den gewalttätigen Kreislauf seiner „Überlebensstrategien" zu stoppen (vgl. Brückner, 2014).

4.2.2   Sichtbarmachen der verborgenen Gewalt

„Als mein Herz endlich verstanden hat, dass ich mit der Trennung, meinen Kindern zeige, nicht in einer unerträglichen Situation verharren zu müssen, sondern immer die Entscheidung habe – für ein glückliches Leben –, habe ich es geschafft, mich zu lösen." (Samantha, 37 Jahre).

Wenn wir uns das schreckliche Phänomen des Gewaltzyklus ansehen, müssen wir uns die Frage stellen, wie es überhaupt sein kann, dass häusliche Gewalt über einen langen Zeitraum geheim aufrechterhalten werden kann. Im Fachaustausch mit einer jungen Kollegin im Wächteramt wurde mir sehr deutlich, dass wir darü-ber sprechen müssen, woran vor allen Dingen psychische Gewalt bei Betroffenen erkannt werden kann. Was sind die ganz spezifischen Ängste der Betroffenen im „Tatort Familie"? Wie können wir diese wahrnehmen, vor allen Dingen um besser auf sie eingehen zu können und gleichzeitig das Vertrauen der Geschädigten ge-winnen? Die wichtigsten Gründe möchte ich an dieser Stelle zusammenfassen.

Frauen, die von häuslicher Gewalt betroffen sind, fällt es häufig schwer, sich aus einer von Gewalt geprägten Beziehung zu lösen.

Die häufigsten Gründe sind:

- wirtschaftliche und soziale Abhängigkeit,
- gesellschaftlicher Druck (negatives Bild von Trennung und Scheidung),
- Hoffnung auf Besserung,
- Isolation außerhalb der Beziehung,
- Angst vor noch mehr Gewalt,
- geringes Selbstwertgefühl und wenig Willensstärke.

Des Weiteren ist es zu erkennen, dass das Opfer mit der Zeit einen seelischen Schutzmechanismus um sich herum erschaffen hat. Ich nenne diesen Mechanismus „Überlebensstrategie". In den meisten Fällen verbündet sich das Opfer mit dem Täter, weil es hofft, so weniger Gewalt zu erfahren, da das eigene Schutzschild nicht greift.

Der Fachbegriff, der sich dahinter verbirgt, ist das sog. *Stockholm-Syndrom*. Das Stockholm-Syndrom ist „die paradox erscheinende, psychische Reaktion der Entwicklung einer emotionalen Bindung, Sympathie, Verbündung und Identifikation von (ggf. traumatisierten) Gewaltopfern mit dem Gewalttäter, insbes. Geiselopfern mit dem Geiselnehmer". Des Weiteren ist es wichtig, zu wissen, dass beim Stockholm-Syndrom eine Gewaltsituation von längerer Dauer besteht, in der sich zunehmend eine intensive Bindung zueinander aufbaut. Da der Täter zu jedem Zeitpunkt entscheidet, was geschieht, glaubt das Opfer, abhängig von ihm zu sein. Das Opfer handelt in Form von Unterwürfigkeit, um nicht verletzt zu werden. Der Täter jedoch gibt darauf Hoffnung, indem er sich selbst verletzlich zeigt. Des Weiteren gibt es immer wieder Phasen, in welchen der Gewalttäter Reue zeigt, und damit Hoffnung auf eine Besserung der grauenhaften Taten gibt.

Eine andere Erklärung des Stockholm-Syndroms ist die Identifikation mit dem Täter. Hier versetzt sich das Opfer in den Täter hinein und versucht, ihn und seine Beweggründe zu verstehen, damit die Gefahrensituation leichter zu bewältigen ist. So kann es auch bei der häuslichen Gewalt der Fall sein, dass Betroffene anfangen, das Verhalten des anderen zu rechtfertigen und die vermeintlichen Gründe zu akzeptieren.

Da auch Kinder und Jugendliche betroffen sind, wenn sich zwischen den Eltern Gewalt abspielt, müssen wir „Vertrauensspielräume" erschaffen, in denen auch die Schutzbedürftigen ihr Schweigen brechen können. Wir Erwachsene müssen betroffenen Kindern und Jugendlichen vertrauensvolle Möglichkeiten einräumen, dass die Informationen, die sie herausgeben, vertraulich behandelt werden, und gleichzeitig schrittweise notwendige Interventionen gemeinsam mit dem Kind entwickeln. Das Wohl des Kindes steht immer an erster Stelle.

Von häuslicher Gewalt betroffene Kinder lieben ihre Eltern aus dem tiefsten Urvertrauen ihres reinen Herzens. Sie haben massive Ängste, dass die geliebte Familie Schaden nehmen könnte. Außerdem denken Schutzbedürftige häufig, dass Gewalt in der Familie ausschließlich eine Familienangelegenheit ist und ein privates Problem. Zudem hatten im Laufe meiner Amtsjahre mir Kinder und Jugendliche offenbart, dass sie Angst hätten, selbst geschlagen zu werden, wenn den Eltern bekannt wird, dass über „das Familiengeheimnis" gesprochen wurde.

Da ein System der Machterhaltung in Gewaltbeziehungen die gezielte Isolation des Opfers ist, sind die geschädigten Frauen oft mit ihren äußerst belastenden Gefühlen und Schamgefühlen auf sich allein gestellt. Vor diesem Hintergrund ist es wichtig, öffentlich über die Thematik des psychischen Gewaltverbrechens zu berichten und über Beratungseinrichtungen zu informieren. Fachkräfte in allen sozialen Einrichtungen müssen sich vermehrt mit dem Thema der psychischen Gewalt auseinandersetzen und Beratungssettings anbieten, den Betroffenen Raum und Zeit geben, ihr Martyrium zu schildern und Worte dafür zu finden, was die geschädigte Frau und ihre Kinder stillschweigend erleben.

Auch nach vielen Jahren der Gewaltausübung scheinen die Betroffenen nur wenig zu durchschauen, welche Taktiken von Grausamkeiten an ihnen ausgeübt worden sind. Erst wenn ihre Kinder an einem vertrauensvollen Ort oder bei einer vertrauenswürdigen Person sind, wo sie sich geschützt und geborgen fühlen und den „Tatort Familie" beschreiben, werden anderweitige Institutionen wachsam und verpflichtet, das Jugendamt zu informieren. Das Wächteramt muss sofort im Sinne des Kindeswohl, gem. *§ 8a SGB VIII*, handeln.

Doch auch in Ihrem ganz persönlichen Umfeld können Menschen von häuslicher Gewalt betroffen sein. Vielleicht sehen Sie kein rotunterlaufenes Auge oder Spuren von Fingerabdrücken im Gesicht, – doch den inneren Schrei können Sie (noch) nicht hören. Wir sollten uns an diesem Punkt die Frage stellen, ob häusliche Gewalt im 21. Jahrhundert vielleicht nicht sogar noch weiter verbreitet ist, als derzeit vermutet wird. Ich denke an die unterschiedlichen Medien und sozialen Plattformen, die ein Spannungsfeld an Gewalt noch verstärken und vor allen Dingen verbreiten, zusätzlich zu den häuslichen Grausamkeiten.

Wenn Sie ein seltsames Gefühl haben, nehmen Sie dieses Empfinden immer ernst.

In der folgenden Übersicht werden ein paar Fragen aufgelistet, um zu erkennen, ob Gewalt erlebt wird. Diese Fragen können Sie auch auf Ihr persönliches Umfeld anwenden.

Sichtbarmachen der verborgenen Gewalt Fragen zur Erkennung von häuslicher Gewalt

Ihr Partner

- wird plötzlich wütend und rastet aus?
- beschädigt Ihre Sachen in seiner Tobsucht?
- kontrolliert Ihre Finanzen?
- verbietet bzw. verhindert, Ihre Familie und Freunde zu treffen?

- beleidigt Sie und macht Sie in Ihrem Umfeld schlecht?
- droht Ihnen, z. B. damit, dass er Sie, Ihre Kinder, Angehörigen, Freunde als auch Haustiere verletzten wird – vielleicht auch sich selbst?
- schlägt, schubst, beißt Sie etc.?
- zwingt Sie zum Sex? Und droht Ihnen, wenn Sie ihm Ihren Körper für seine Bedürfnisse nicht überlassen?
- akzeptiert nicht, dass Sie sich getrennt haben oder trennen wollen, und terrorisiert Sie?

Sollten diese Punkte auf Sie oder Ihnen bekannte Person zutreffen, nehmen Sie dringend Hilfe in Anspruch, die Sie in Kap. 11 ersehen können. Bitte zögern Sie nicht. Ihre Schilderungen (auch kurz), werden immer ernst genommen, weil immer davon ausgegangen wird, dass Sie die Wahrheit sagen!

4.2.3 Häusliche Gewalt aus rechtsmedizinischer Sicht

„Als ich verstanden habe, dass meine Angst vor dem Leben größer war, als die Angst vor dem Tod, fasste ich den Mut zur Flucht!" (Karina, 35 Jahre).

Als ich vor wenigen Wochen mit den Fachexperten*innen der Gerichtsmedizin gesprochen hatte, wurde mir klar, wie wenig Fachkräfte aus Institutionen wie Jugendämtern, Frauenhäuser etc. die Kooperation mit der Gerichtsmedizin nutzen. In folgenden transparenten Gespräch wurde seitens der Gerichtsmedizin eine große Bitte ausgesprochen, die ich gerne mit Ihnen als Leser*in teilen möchte.

„… Weil wir alle dasselbe Ziel haben, und das ist der Schutz der von Gewalt betroffenen Menschen, vor allen Dingen der Kinder, … Verletzungen zu erkennen, zu interpretieren und gerichtsverwertbar zu dokumentieren, als auch Spuren zu sichern, ist Kernkompetenz unserer rechtsmedizinischer Tätigkeit. Wir bieten seit vielen Jahren unser Wissen an, um Fachkräfte, die in Einrichtungen im Sinne des Kindeswohls, aber auch in Frauenhäusern etc. arbeiten, zu vernetzen, um die Gewaltdynamik zu stoppen und weitere Hilfen einzuleiten. Die Kooperation mit anderen Professionen auf ,Augenhöhe' und Kenntnisse über die Strukturen vor Ort ermöglichen eine gute (weitere) Betreuung von geschädigten Menschen, denen unfassbares Leid angetan wird. Leider wird unser Angebot immer noch sehr selten genutzt." (Gerichtsmediziner, Universitätsklinikum Bonn Institut für Rechtsmedizin).

Wenn die Geschädigten aufgrund der erlittenen Verletzungen eine ärztliche Praxis oder ein Krankenhaus aufsuchen, wird überwiegend die Wahrheit über das Gewaltverbrechen verschwiegen. Die gravierenden sichtbaren Schädigungen werden massiv verleugnet und als Unfallgeschehen dargestellt.

„Als ich die Fenster geputzt habe, bin ich von der Leiter gefallen."

„Ich habe nicht aufgepasst und bin rückwärts die Treppen hinuntergestürzt."

Diese und ähnliche Aussagen der Betroffenen häuslicher Gewalt sind dem Fachpersonal der Gerichtsmedizin bestens vertraut. Voraussetzung für eine richtige Interpretation des Verletzungsbildes durch die behandelnde Ärztin oder den behandelnden Arzt ist somit die Unterscheidung zwischen zufällig und misshandlungsbedingt entstandenen Traumen. Nur eine zutreffende Deutung ermöglicht den Behandelnden, über die aktuelle Verletzungsbehandlung hinaus sozialmedizinische Hilfs- und Betreuungsmöglichkeiten aufzuzeigen. Um das Verletzungsbild richtig einordnen zu können, müssen die erhobenen Einzelfallbefunde zusammengetragen und daraus ein exakter Ablauf über das Geschehen rekonstruiert werden. An dieser Stelle wird von *kriminalistischem Denken* gesprochen, wie es in der Rechtsmedizin üblich ist.

Zu den Aufgaben des Rechtsmediziners*in gehört es, fachgerecht, gerichtsverwertbare Schädigungen zu dokumentieren, Spuren zu sichern und Befunde sehr sorgfältig zu interpretieren. Demnach ist eine zeitnahe Untersuchung enorm wichtig, – vor allen Dingen für eine evtl. spätere Anzeige bei der Polizei. Die Fachexperten*innen der Rechtsmedizin haben regelmäßigen Kontakt mit Erwachsenen und Kindern, die von Gewalt betroffen sind, und somit die hochkarätige Erfahrung und hervorragende Sensibilität, die einen vertrauensvollen Umgang mit der sensiblen Thematik gewährleisten.

In einem Familienfall hatte mich der Kinderarzt informiert, dass er bei einer U-Untersuchung Hämatome gesehen habe, die sich ein Kind im Alter von 6 Monaten keinesfalls selbst zufügen könnte. Er sprach von gravierenden Verletzungen zwischen den Oberschenkeln. Die Innenseiten der zarten Beine des Kleinkindes waren übersät mit Hämatomen. Die Eltern erklärten nach Aussagen des Kinderarztes, dass ihr Kind in der Badewanne ausgerutscht sei. Nach einem intensiven Fachaustausch wurde kurzerhand die Gerichtsmedizin angerufen, um das Kleinkind den Ärzten*innen vor Ort vorzustellen. Der bei den Eltern entstandene Druck hatte die tatsächliche Wahrheit an die Oberfläche gebracht, indem sie mir nach der Untersuchung Folgendes offenbarten. Da die Kindesmutter kein Deutsch sprach, wandte sich der Kindesvater mit offenen Worten an mich:

„Wir haben so furchtbare Angst nach Mazedonien zurück abgeschoben zu werden. Meine Frau wurde in ihrem Heimatort furchtbar sexuell missbraucht. Ihr wurde Gewalt angetan, das können Sie sich nicht vorstellen. Ich werde alles tun, damit meine Frau in Deutschland geschützt ist. Wir hatten ein Datum von der

Ausländerbehörde erhalten, wann wir Deutschland zu verlassen haben. Ich schäme mich so sehr dafür, aber meine Frau hat mir am Abend erzählt, dass sie unserer Tochter schlimme Verletzungen zugefügt habe, damit wir nicht ausreisefähig sind, zumindest nicht an diesem bestimmten Tag. Bitte helfen Sie uns. Meine Frau hat es in ihrer Not getan, nicht weil sie unsere Kinder nicht liebt."

Aus rechtsmedizinischer Sicht besteht die Notwendigkeit vor der Inaugenscheinnahme der verletzten Person, die in aller Regel die Inspektion des gesamten Körpers umfasst, eine sorgfältige Anamnese durchzuführen. Dies beinhaltet neben der orientierenden Befragung zur Vorgeschichte mit Angaben über evtl. frühere Gewalterfahrungen eine möglichst genaue Beschreibung des Tathergangs und der Tatzeit. Des Weiteren erfragen die Fachexperten*innen, wie stark der Täter die physische Gewalt anwendete, welche Tatmittel er benutzte, ab wann der Täter Gewalt anwendete, ob das Opfer Widerstand leistete, ob Rauschmittel, Alkohol und/oder Medikamente im Spiel waren.

Wenn betroffene Kinder über das erlebte Leid nicht sprechen können, ist die Professionalität der z. B. pädagogischen Fachkraft bzw. vor allen Dingen auch die persönliche Haltung und Wahrnehmungsgabe gefragt. Mir ist bekannt, dass einige Kollegen*innen im o. g. Familienfall auch anderer „milderer" Meinung waren. Doch um Fehlversagen im Sinne des Kindeswohls gem. § 8a SGB VIII zu vermeiden, ist immer ein gutes multiprofessionelles Netzwerk gefragt.

Des Weiteren werden die wesentlichen Verletzungsbefunde fotografisch dokumentiert. Zudem werden die sichtbaren Verletzungen am Körper hinsichtlich Größe und Form genau beschrieben (mithilfe eines Längenmaßes). Bei offenen Wunden werden z. B. die Wundränder (riss- oder schnittartig, geschürft, blutunterlaufen) genauestens beschrieben. Schriftlich wird festgehalten, ob Gewebsbrücken bestehen oder Fremdkörper, z. B. Glassplitter, in den Wundspalt eingedrungen sind. Diese haargenaue Beschreibung ist absolut notwendig, um sicherzustellen, auf welcher Grundlage die Diagnose zustande gekommen ist. Jede Verletzungsart wird sorgfältig erfasst unter Angabe von Lage, Größe, Form und Erscheinungsbild.

Wichtig ist es für Fachkräfte, zu wissen, dass Hämatome oftmals nicht sofort nach der erlittenen körperlichen Schädigung sichtbar sind, sondern erst Stunden später, wenn sich eine in der Tiefe entstandene Blutung in Richtung der Körperoberfläche ausgebreitet hat. Vor diesem Hintergrund ist es wichtig, dass in Verdachtsfällen die verletzte Körperregion nach 1–2 Tagen wieder vorgestellt wird. Um eine Fehleinschätzung auf professioneller Ebene zu vermeiden, ist es wichtig, die Farbqualitäten des Hämatoms in seinen zentralen und peripheren Anteilen zu dokumentieren. Denn, wenn dies nicht umgehend geschieht, kann bspw. in einem Gerichtsverfahren nicht mehr sicher festgestellt werden, ob es sich um eine akute Verletzung handelt, oder, wie vom Täter behauptet:

„Ach, hören Sie auf, die ist nicht von mir, die ist doch schon alt! Das hat mein Sohn der Mutter in seinem Wutanfall zugesetzt." (Amtsgericht/Täter/§ 1666 BGB).

Im Folgenden möchte ich auf die unterschiedlichen physischen Angriffe des Täters auf sein Opfer eingehen:

Angriffe gegen den Hals

Überlebte Angriffe gegen den Hals kommen nicht nur im Zusammenhang mit versuchten oder vollendeten Tötungsdelikten vor, sondern auch im Rahmen häuslicher Gewalt. Dabei sind *zwei Formen der Strangulation zu unterscheiden:* das Würgen und die Drosselung. Beim Würgen wird der Hals mit einer Hand oder mit beiden Händen komprimiert, seltener mit dem Unterarm oder mit einem anderen Körperteil, z. B. den Knien. Dementsprechend unterschiedlich können die äußeren Befunde an der Haut des Halses sein. Als klassische Würgemale gelten rundliche oder konfluierende Blutunterlaufungen vom Druck der Fingerbeeren, kratzerartige und halbmondförmige Schürfungen von den Fingernägeln und flüchtige Hautrötungen als Folge der funktionellen Gefäßweitstellung durch die mechanische Irritation. Die äußeren Befunde am Hals können auch trotz erheblicher Gewalt sehr diskret sein oder sogar ganz fehlen, wenn der Druck großflächig ausgeübt wurde, oder wenn weiche Gegenstände, wie bspw. Kissen, während der Druckausübung zwischengelegt waren.

Nach einer Drosselung hängt das Aussehen der Drosselmarke stark von den Eigenschaften des Drosselwerkzeuges, von der Intensität und Dauer der Strangulation und von der Gegenwehr der Betroffenen ab. In der Regel handelt es sich um eine streifige Rötung oder Hautabschürfung, die mehr oder weniger zirkulär und häufig auch horizontal den Hals umgeben. Bei fortgesetzter Halskompression mit Beeinträchtigung des venösen Blutstroms aus den Kopfblutgefäßen sind in den Augenlidern und -bindehäuten, in der Gesichtshaut, in der Schleimhaut des Mundes oder in der Hinterohrregion punktförmige Stauungsblutaustritte zu erwarten. Die Zeitspanne bis zum Bewusstseinsverlust variiert in Abhängigkeit von zahlreichen Einflussfaktoren (Art und Intensität der Halskompression, Kräfteverhältnis zwischen Angreifer und Opfer, vorübergehendes Nachlassen der Druckwirkung). Opfer von Halsangriffen klagen oft über Schluckbeschwerden, Heiserkeit und Schmerzen bei Bewegungen des Halses. Dies ist zu befragen, da es medizinisch und juristisch als Hinweis für eine Lebensbedrohlichkeit gewertet werden kann. Ungewollter Harn- und Stuhlabgang kommen ganz überwiegend in Verbindung mit Bewusstlosigkeit vor, auch dies muss ausdrücklich erfragt werden, da aus Scham häufig diese Angaben nicht von selbst gemacht werden. Im Zuge einer Strangulation wird häufig auch der Angreifer verletzt, v. a. dann, wenn das Opfer heftige Gegenwehr leistet. So können durch Einwirkung der Fingernägel blutende Kratzspuren im Gesicht, am Hals, an den Schultern oder im Brustbereich entstehen. Insbesondere wenn eine Täteruntersuchung nicht durchgeführt würde und die Tat bestritten wird, ist das Hautmaterial unter den Fingernägeln ein bedeutendes Indiz zur Glaubwürdigkeit des Opfers. Mitunter zeigen sich auch andere Spuren des körperlichen Widerstandes, z. B. Bissverletzungen (vgl. Bohnert, 2021).

Abwehrverletzungen

Abwehrverletzungen sind ein wichtiges Zeichen dafür, dass eine Person angegriffen wurde und sich nicht etwa die übrigen Verletzungen selbst zugefügt hat. Aus rechtsmedizinischer Sicht sind derartige Verletzungen auch ein Indiz dafür, dass die oder der Betroffene zumindest initial bei Bewusstsein und handlungsfähig war. Durch schützendes Vorhalten der Arme und Hände wird versucht, Verletzungen des Kopfes und des Oberkörpers zu verhindern. Schläge und Fußtritte des Täters führen dann zu Hämatomen oder Schürfungen an Händen und Armen, seltener auch an den Beinen. In Körperregionen, wo sich unter der Haut ein knöchernes Widerlager befindet, z. B. am Handrücken, können durch stumpfkantige Traumatisierung auch Riss-Quetsch-Wunden entstehen. Sogar knöcherne Strukturen können verletzt werden, z. B. sog. Parierfrakturen der Elle oder Bruchverletzungen des Handskeletts.

Besonderheiten bei sexuellen Gewaltattacken

Auch hier ist zunächst die exakte Erhebung der Vorgeschichte und des Tatherganges für eine evtl. spätere Verwendung in einem Verfahren von entscheidender Bedeutung. Verletzungsspuren können durchaus fehlen oder nur diskret sein. Daher ist es bei der körperlichen Untersuchung selbst unabdingbar, nicht nur eine gynäkologische, sondern eine exakte extragenitale Untersuchung, also die Untersuchung des gesamten Körpers, durchzuführen. Extragenitale Verletzungen können einen entscheidenden Hinweis auf einen erzwungenen Geschlechtsverkehr geben. Neben den vorher beschriebenen Verletzungen ist insbesondere darauf zu achten, ob z. B. der Mund zugehalten wurde, hier zeigen sich dann Defekte von Lippenbändchen- oder Mundschleimhauterosionen bei Kontakt mit den Zahnreihen, ob Griff- oder Bissverletzungen oder auch Knutschflecken am Hals bzw. an der Brust, oder ob Fingerabdrücke oder großflächige Hämatome an der Innenseite der Oberschenkel durch das brüske Auseinanderdrängen der Oberschenkel vorliegen. Es ist selbstverständlich und insbesondere rechtsmedizinische Erfahrung, dass ein Fehlen von extragenitalen Verletzungen keinesfalls gegen eine erzwungene sexuelle Handlung spricht, da diese z. B. bei einer von Beginn an unterlassenen Abwehr aus Angst oder bei schnellem Erlahmen der Abwehr fehlen können. Bei unseren eigenen Untersuchungen trifft dies in 30–40 % der Fälle zu. Bei der Untersuchung des weiblichen Genitales kommt es darauf an, auch kleinste Verletzungen, z. B. Schürfungen im Scheidenvorhof, festzustellen, da diese häufig das einzige Indiz für eine gewaltsame Penetration darstellen und schwerere Verletzungen selbst bei brutalen Sexualdelikten oft fehlen. Hinsichtlich des Nachweises von Sperma ist zu erwähnen, dass dieses fast grundsätzlich bis zu 24 h, in Einzelfällen sogar bis zu 5 Tagen, nach dem Verkehr nachweisbar ist (vgl. Bohnert, 2021).

Kriminalistische Gesichtspunkte
In der Mehrzahl der Fälle sind Schürfungen, Blutunterlaufungen oder Hautwunden wenig charakteristisch geformt. Umso wichtiger ist es, dass geformte und typisch angeordnete Verletzungsspuren in ihrer Bedeutung erkannt werden. Dazu zählen scheinbar banale Befunde, wie typisch konfigurierte Hautrötungen nach Schlägen mit der flachen Hand, parallel-streifige Fingernagelkratzspuren, gruppierte Blutunterlaufungen durch den Druck benachbarter Fingerkuppen bei Festhaltegriffen an den Armen, striemenartige Blutergüsse und musterartige Einblutungen in der Haut nach Einwirkung strukturierter Oberflächen, z. B. auch Textilanpressspuren. Bei angeblichen Sturzverletzungen ist zu prüfen, ob die verletzte Körperregion beim geschilderten Sturzvorgang tatsächlich stumpf traumatisiert werden konnte. Ein wichtiges Hinweiszeichen für eine Fremdbeibringung sind Verletzungslokalisationen, die für zufällige Stürze untypisch sind, wie z. B. bestimmte Schädelregionen, Hals, Innenseite der Oberarme, Brüste, Bauch, Oberschenkel. Schließlich spricht auch eine Mehrzahl unterschiedlich alter Hautverletzungen gegen eine Verursachung durch ein einmaliges Hinstürzen. Selten können auch Hautverbrennungen durch Zigarettenglut oder Verbrühen durch heiße Flüssigkeit Ausdruck einer häuslichen Gewaltattacke sein (vgl. Dölling et al., 2022).

Spurensicherung
Die eigentliche ärztliche Spurensicherung umfasst weniger die Sicherung von biologischen Spuren, wie Sperma oder Speichel, sondern die Dokumentation der am Körper der verletzten Frau festgestellten Befunde. Die rechtsmedizinische Erfahrung in vielen Fällen in denen ärztliche Atteste von den Opfern vor Gericht vorgelegt wurden, zeigt, dass oft nur pauschale Beschreibungen, etwa im Sinne „multiple Hämatome am ganzen Körper", niedergelegt sind. Da die Ärztin bzw. der Arzt in aller Regel zum Zeitpunkt einer späteren Vernehmung keine eigene Erinnerung mehr an die Untersuchung hat, ist dann eine sichere Aussage über die Intensität, über das Tatwerkzeug oder gar über das Alter der Verletzung nicht mehr möglich.

Dies ist, insbesondere deshalb problematisch, weil im Strafverfahren der Tatnachweis mit an Sicherheit grenzender Wahrscheinlichkeit geführt werden muss. Hilfreich ist, wie bereits vorher erwähnt, eine fotografische Dokumentation sowie die Verwendung von Körperschemabögen oder Dokumentationsbögen. Eine Dokumentation, die auch in einem Gerichtsverfahren Bestand hat, umfasst neben den Angaben zur Person, den Zeitpunkt der Untersuchung, die im einzelnen aufgeführten Verletzungsbefunde sowie die abschließende medizinische Beurteilung. Am besten ist die Diagnose, bei der die erhobenen Befunde mit den Angaben der verletzten Person zwanglos zu vereinbaren sind und die beinhaltet, ob die Verletzungen auf eine erhebliche oder gar potenziell lebensbedrohliche Gewaltanwendung hinweisen (vgl. Dölling et al., 2022).

Nach amerikanischen Studien sind 22–33 % aller Patient*innen, die sich in traumatologischen Einrichtungen zur Behandlung vorstellen, Opfer häuslicher Gewalt gewesen. Nur ein kleiner Prozentsatz der dabei festgestellten Verletzungen sind richtigerweise auf häusliche Gewalt zurückgeführt worden. Deswegen gelangen viele Frauen mit akuten Verletzungen mehrfach in notfallmedizinische Behandlung, ehe die eigentliche Verletzungsursache herausgefunden wird. Häusliche Gewalt ist ein gesellschaftliches Phänomen, das nicht als selbstverständlicher Teil des Lebens hingenommen werden darf. Ihre Bekämpfung ist sicher nicht nur Aufgabe von Polizei und Justiz. Auch der kurativ tätigen Ärzteschaft und den Rechtsmediziner*innen muss es Auftrag und Anliegen sein, den Opfern durch frühzeitige Aufdeckung der verletzenden Hintergründe die Möglichkeit zu eröffnen, Unterstützungsangebote wahrzunehmen und den grundrechtlichen Anspruch auf ein gewaltfreies Leben zu realisieren.

Leistungen der Hilfe durch die Rechtsmedizin
- Telefonische (auch anonyme) Beratung,
- kostenlose Untersuchung,
- (Foto-)Dokumentation von Verletzungen,
- Sicherung und Aufbewahrung von Beweismitteln und Spuren,
- ggf. Vermittlung an soziale Einrichtungen.

*Wer kann sich an die Rechtsmediziner*innen wenden (solange noch keine Anzeige bei der Polizei erfolgt ist)?*

- Ärzte*innen, die mit der Untersuchung Betroffener betraut sind,
- öffentlich-soziale Einrichtungen, die Opfer betreuen,
- Opfer von häuslicher Gewalt.

Die rechtsmedizinische Untersuchungsstelle für Betroffene von Gewalt bietet Ihnen dazu kostenlose Hilfe an. Besonders sachkundige Ärzte*innen erstellen dort über Ihre Verletzungen ein Gutachten, das Sie vor Gericht als Beweismittel vorlegen können. Die Ärzte*innen der Untersuchungsstelle unterliegen wie Ihr Hausarzt/Ihre Hausärztin der Schweigepflicht, auch gegenüber der Polizei und der Staatsanwaltschaft. Sie selbst können entscheiden, ob und wie Sie das Gutachten der Untersuchungsstelle verwenden wollen.

Den Rechtsmedizinern*innen geht es primär darum, Verletzungen durch häusliche Gewalt festzustellen und sie so zu dokumentieren, dass diese Dokumentation bei Gericht nicht durchfällt. Denn die Experten*innen der Rechtsmedizin stellen mit Erschrecken fest, dass die Dokumentation von Verletzungen durch Ärzte*innen, die darin nicht geschult sind, nicht ausreichend ist. Oft ist der Beweiswert bei Gericht nicht verwertbar (vgl. Dölling et al., 2022).

In der Wut verliert der Mensch seine Intelligenz (Dalai Lama)

Individuelle Signale und Verhaltensweisen betroffener Kinder

5

„Lange saß ich in meiner Wut. Bis sie mir ins Herz flüsterte, ihr wahrer Name sei Trauer." (Nathalie Sabas)

Blutige Striemen im Gesicht, die Nase zerbissen, am ganzen Körper blaue Flecken und Prellungen: So zugerichtet liegt Frau S. nach der Aussage *„Ich werde mich von dir trennen"* im Krankenhaus, neben dem Krankenbett ihre beiden Töchter, 7 und 10 Jahre alt. Vor ihren Kindern beherzigte Frau S., niemals etwas Schlechtes über den Kindesvater zu sagen. Aber dieser Gewaltausbruch ihres Ehemannes ließ sich nicht mehr verbergen.

„Dass ich jetzt so aussehe, das war euer Papa."
Aus dem Polizeibericht ging hervor, dass Herr S. seiner Frau wenige Stunden vor der grausamen Gewalttat aufgelauert war, als sie mit dem Auto die Kinder von der Schule abholen wollte. Als Herr S. seine Frau gesichtet habe, fuhr er los und rammte den PKW. Sofort verriegelte Frau S. die Tür. Doch das machte den Kindesvater noch rasender vor Wut. Es sei alles sehr schnell gegangen, so die Geschädigte.

„Ich sehe heute noch seine blutige Faust, die zerschlagene Fensterscheibe. Ich schrie und verdeckte mein Gesicht mit meinen Armen. Aber sie konnten mich nicht schützen. Die Schreie meiner Kinder höre ich noch jede Nacht: „Papa, du bringst noch Mama um!" Ich hatte Todesängste. Zum Glück rief jemand die Polizei und den Krankenwagen, sonst wäre es das letzte Bild ihrer Mutter gewesen, an das meine Kinder sich erinnern würden. Das was meine Kinder gesehen haben, über all die Jahre, das hängt mir und meinen Kindern noch nach." (Frau S., nach 3 Jahren der Tat/Aussage beim Hilfeplangespräch).

© Der/die Autor(en), exklusiv lizenziert an Springer Fachmedien Wiesbaden GmbH, ein Teil von Springer Nature 2024
N. Sabas, *Häusliche Gewalt*, https://doi.org/10.1007/978-3-658-44151-7_5

5.1 Kindliche Ausdrucksformen zum Erkennen häuslicher Gewalt

„Die Nase von Mama hat so stark geblutet. Dann habe ich solche Angst bekommen, dass sie sterben muss." (Noah, 7 Jahre).

Auch, wenn Sie, lieber*liebe Leser*in, vielleicht jahrelang mit Schutzbedürftigen arbeiten, kann Ihnen das Herz bei so einer Aussage bzw. zahlreichen anderen vertrauensvollen Gesprächen nicht vereisen. Wenn dies dem so wäre, würde ich jeder Fachkraft, die im Sinne des Kindeswohls tätig ist, empfehlen, ihre berufliche Funktion zu überdenken.

Kinder, die in drastischen Gewaltdynamiken aufwachsen, erleben häufig Episoden von massiven Ängsten, die eine Kinderseele eigentlich niemals erfahren sollte. Das „Zeitfenster der Beziehungserfahrungen" ist sehr eng geschnürt, sodass sich diese erlebte, psychische und physische Gewalt als „normales" Beziehungsmuster einprägt. Von Geburt an ist das kindliche Bindungssystem biologisch vorprogrammiert: Das Kind muss unweigerlich Nähe und Kontakt zur Bindungsperson suchen, um sich sicher zu fühlen. Wenn, aufgrund von (erlebter) häuslicher Gewalt, das Kind anstatt Schutz Todesängste erlebt, gerät das Urvertrauen in einen Zustand der Ohnmacht.

Schutzbedürftige aus gewaltbelasteten Familien erleben das Gefühl der inneren Erstarrung, ohnmächtiger Wut oder Traurigkeit. Zudem versuchen sie aus eigenen Kräften, das innere Geschehen selbst zu regulieren, oder sie versuchen, schützend einzugreifen oder im Nachhinein die geliebte Mutter zu trösten bzw. zu helfen. Doch alle Kinder, betroffen von häuslicher Gewalt, haben eines gemeinsam: Es fällt ihnen schwer, Worte für ihre grausamen Erfahrungen zu finden. Doch der erlebte Schmerz zeigt sich in sehr individuellen Verhaltensweisen betroffener Kinder. Selbst der Säugling und das Kleinkind zeigen individuelle Signale, die wir als einen Hilferuf erkennen müssen.

Wenn der Alltag zu Hause von Gewalt zwischen den geliebten Eltern geprägt ist, geht das an den „Sternen dieser Zeit", unseren Kindern, nicht spurlos vorbei. Da die Gewalttaten häufig in der eigenen Wohnung stattfinden, ist das Zuhause für sie kein Ort von Sicherheit und Geborgenheit. Die Bedrohung einer engen Bezugsperson erzeugt emotionalen (Dauer-)Stress. Säuglinge und Kleinkinder z. B. neigen dazu, sehr viel zu weinen, wenig oder gar nicht zu spielen und/oder zeigen ein unruhiges, auffälliges Verhalten. Wir können dies an ganz besonderen Indikatoren überangepassten und ängstlichen Verhaltens bei Säuglingen und Kleinkindern feststellen, die ich im Folgenden aufzeigen möchte:

- Gesichtsausdruck: plötzlicher Beginn und Beendigung von Lächeln/uneindeutiges, angedeutetes Lächeln, Hände oder Gegenstände vor dem Gesicht,

wenn im Blickkontakt mit der Bindungsperson, ausdruckslos, maskenhaft, eingefroren, wachsam (vigilant), Blickabwendung.
- Körperhaltung: unbequeme Körperhaltung, steif oder regungslos, abgehackte, ausfahrende Bewegungen.
- Emotionale Gestimmtheit: hohe Erregung (Arousal) verbunden mit Schweigen, fröhlich ohne erkennbaren Anlass, mangelnde Freude, Angeregtheit (vgl. Ziegenhain & Fegert, 2020).
- Aktivität/Spiel: Tolerieren negatives oder harsches elterliches Verhalten ohne beobachtbare Reaktion, mangelnde Initiative, verzögerte Verhaltensreaktionen.

Wenn das Zuhause der Kinder zum Tatort wird, fühlen sie sich unsicher und ohnmächtig, haben Angst und Schuldgefühle, das sich unterschiedlich in den Verhaltensweisen der betroffenen Heranwachsenden zeigen kann. Die Mädchen und Jungen leiden unter der Situation ihrer geliebten Eltern und werden zunächst mit ihren grausamen Erfahrungen völlig allein gelassen. Sie empfinden Hilflosigkeit oder fühlen sich sogar für die Gewalthandlungen schuldig. Denn Kinder beziehen die Belastungen ihrer Eltern immer auf sich, vor allen Dingen Klein- und Schulkinder (vgl. Kavemann & Kreyssig, 2013).

Kindergarten- und Schulkinder sind häufig sehr ängstlich und/oder schreckhaft. Andere wiederum zeigen ein depressives Verhalten, sie ziehen sich vor anderen Menschen (auch anderen Kindern) zurück, ihr Verhalten ist störend, auffällig und/oder aggressiv. Ein deutliches Signal ist die Konzentrationslosigkeit, die zu schlechten Schulleistungen führt. Die Kinder werden zu Tagträumen verleitet und lassen die Streitsituationen ihrer Eltern immer wieder im Inneren auftauchen. Weitere „Symptome" häuslicher Gewalt können Bettnässen, Schlafprobleme und Alpträume wie auch unerklärliche Bauch- und Kopfschmerzen sein.

Im Jugendalter kann häusliche Gewalt zusätzlich noch den Suchtkonsum von Zigaretten, Shisha, Alkohol, Cannabis und sonstigen Drogen begünstigen und/oder zu anderen selbstschädigenden Verhaltensweisen wie Selbstverletzungen und Suizidversuchen führen.

Angst und Stress wirken sich auf die Gesundheit aus: So haben diese Kinder bis ins Erwachsenenalter ein erhöhtes Risiko, zu erkranken (körperlich oder psychisch). Weil der Alltag durch die Gewalt durcheinandergerät, können diese Kinder nicht mehr unbeschwert spielen und ihren eigenen Interessen nachgehen sowie ihre eigenen Ziele und Entwicklungsaufgaben verfolgen (Freundschaften aufbauen und aufrechterhalten, Ablöseprozess von den Eltern, erschwerte Fokussierung der Berufswahl etc.).

Gewalt zwischen den Eltern prägt zukünftige Beziehungen aller von häuslicher Gewalt betroffener Kinder. Da die Schutzbedürftigen in einem von Gewalt geprägten Umfeld aufwachsen, *lernen* sie durch ihre Eltern, dass es möglich ist, sich mit Gewalt durchzusetzen, auch wenn es hochgradig schädigend ist. Gleichzeitig lernen sie nicht, Konflikte auf eine andere wertschätzende Art zu lösen. Das führt häufig dazu, dass sie in ihren eigenen Beziehungen die gleichen Probleme haben wie bereits ihre Vorbilder, Mutter und Vater. Sie lernen, selbst Gewalt als Verhalten in „Stresssituationen" durchzusetzen oder erdulden Gewalt von ihren *eigentlichen* Vertrauten – und das oft bereits in der ersten Liebesbeziehung im Jugendalter.

In allen Fällen wirkt sich häusliche Gewalt gegen die geliebte Mutter negativ auf Kinder und Jugendliche aus, die in diesem Familienkonstrukt aufwachsen. Auch wenn sie nicht selbst geschlagen werden, leben diese Kinder in einer Atmosphäre der Angst, die ihren späteren Umgang mit Gewalt prägt.

Wenn Streit, Drohungen, Angst und Schläge den Alltag bestimmen und Kinder ihr Zuhause als unsicher empfinden, hinterlässt das Spuren in ihrer Persönlichkeitsentwicklung. Die unmittelbaren Auswirkungen sind vielfältig und lassen sich, wie folgt, zusammenfassen: Betroffene Kinder zeigen erhebliche Schulprobleme, Konzentrationslosigkeit, Bettnässen, Schlafstörungen geprägt von Albträumen, Kopfschmerzen, Wutanfälle, Essstörungen oder eine verzögerte Sprachentwicklung.

Geschädigte Mütter sind häufig der Ansicht, dass ihre geliebten Kinder die Gewalt ausgehend vom Partner nicht bemerken würden. Doch die Schutzbedürftigen werden Zeugen der häuslichen Gewalt.

Sie erfassen die Situation und spüren die Auswirkungen. Aufgrund der hochgradigen emotionalen Belastung der Kindesmutter erleben sie die kindeswohlgefährdenden Aspekte von Vernachlässigung. Die Bedürfnisse der betroffenen Kinder können aufgrund des psychischen Zustands der Kindesmutter nur wenig bis gar nicht mehr wahrgenommen werden. Ich spreche an dieser Stelle von „seelischem Verhungern".

Psychische und physische Gewalt gegen Mütter stellt eine Form psychischer Gewalt gegen Kinder da, die erst schrittweise im Bewusstsein der Öffentlichkeit wahrgenommen wurde. Viel zu lange waren Kinder geschädigter Frauen in Hilfsinstitutionen unserer Gesellschaft die vernachlässigten und vergessenen Opfer häuslicher Gewalt. Glücklicherweise hat diese Sichtweise bzw. der Schutz von Kindern auch zu Veränderungen in einigen Frauenhäusern geführt, sodass z. B. in der Konzeption der Frauenhäuser zunehmend ein neue Vorgehensweise ausgearbeitet ist/wird, die nicht *nur* ausschließlich den Schutz der Frauen, sondern ebenfalls den Schutz der Kinder fest verankert.

Die „Sterne unserer Zeit", unsere Kinder, werden endlich nicht als Opfer von erlebter häuslicher Gewalt vergessen. Kinder sind gleichwertige Persönlichkeiten mit ihren eigenen Rechten, Bedürfnissen und Ansprüchen, eigener Ausdrucksfähigkeit, die mit eigenen Gedanken wahrzunehmen sind. Der Staat hat längst verstanden, dass wir Kindern eine Stimme geben müssen, damit es zur Heilung bzw. zur Veränderung kommen kann. Dennoch müssen wir uns der Thematik verstärkt zuwenden, denn unsicheren Mitarbeitern*innen wird auf ihrem beruflichen und vielleicht sogar persönlichen Weg der eine oder andere Fall durch die „Finger gehen", da die „stillen" Hilfeschreie der Kinder falsch oder nicht gedeutet werden. Nur wer sich sorgfältig informiert, ein weites Spektrum an Wissen aneignet, der kann auch handlungssicher reagieren.

An dieser Stelle habe ich eine Checkliste zusammengestellt, die Gewalt an Kindern frühzeitig erkennen lässt:

Checkliste zur Früherkennung von Gewalt an Schutzbedürftigen (bitte nicht sofort überstürzt handeln, dokumentieren Sie!)
- Sie sollten auf allgemeine Hinweise und Verhaltensauffälligkeiten bei den Eltern/Erziehungsberechtigten achten.
- Hören Sie genau zu bei Klagen der Eltern über Überforderung bzw. Überlastung bei der Kinderbetreuung.
- Haben Sie Hinweise auf unzureichendes Erziehungsvermögen durch auffällige Verhaltensweisen der Erziehungsberechtigten (z. B. unangemessene aggressive Handlungen oder Hilflosigkeit beim Bringen oder Abholen von Kindern in den bzw. vom Kindergarten, Schule usw.) wahrgenommen? Dokumentieren Sie!
- Wechselnde Angaben über die Ursachen einer Verletzung bei mehrfacher Befragung.
- Das Verletzungsbild steht im Widerspruch zur angegebenen Unfallursache.
- Häufiger Besuch beim Kinderarzt/bei der Kinderärztin und/oder im Krankenhaus.
- Nach Verletzungen zu Hause/im Kindergarten/in der Schule verspätetes Aufsuchen des Kinderarztes/der Kinderärztin.
- Über- bzw. Unterreaktion auf die Verletzung (übertriebene Fürsorge oder Gleichgültigkeit).
- Kuriose Erklärungsversuche der Eltern bzgl. der Entstehung von Hämatomen.
- Häufiger Wechsel der Betreuungseinrichtungen und Bezugspersonen.
- Achten Sie auf allgemeine Hinweise und Verhaltensauffälligkeiten beim Kind.
- Altersunspezifische Verletzungen (Knochenbrüche bei Säuglingen) (s. Abschn. 4.2.3).
- Mehrfachverletzungen unterschiedlichen Entstehungsalters? Gibt es einen Abdruck des Tatwerkzeuges, Gürtel, striemenartig, Hand- und Fingerabdrücke, Kabel etc.?

- Untypische Lokalisation für unfallbedingte Verletzungen (Gesäß-Rücken-Bereich, Hals, isolierte Gesichts- und Kopfverletzungen).
- Plötzlich auftauchende, nichtnachvollziehbare Verhaltensänderung beim Kind trotz gewohntem Umfeld.
- Angst vor körperlicher Berührung (bereits bei einer liebevollen Umarmung).
- Aggressives Verhalten im Spiel.
- Scheu vor Entkleidung im Kindergarten- und frühen Volksschulalter.
- Verletzungen an den Lippen und in der Mundhöhle (z. B. fehlende oder abgebrochene Zähne vor Zahnwechsel).
- Hämatome am Auge/punktförmige Blutaustritte im Bereich der Augenbindehäute und in der oberen Gesichtspartie.
- Hautabschürfungen und Blutunterlaufungen im Halsbereich (Würge- und Strangulationsmarken), Bissverletzungen.
- Schreckhafte Bewegungsabläufe/Abwehrverletzungen an der Innenseite der Ober- und Unterarme beim Versuch, das Gesicht vor Schlägen zu schützen.
- Mehrfachverletzungen, die durch eine einzige Gewalteinwirkung (Sturz) nicht erklärbar sind.
- Des Weiteren kann es bei Gewalt an Kindern zu ausgerissenen Haarbüscheln kommen, oder dass sich das Kind aufgrund der äußerst belastenden Familiensituation dies selbst zufügt.
- Verbrennungen/Verbrühungen, die nach Art und Lokalisation im Widerspruch zum geschilderten Unfallhergang stehen (z. B. im Mundbereich, nach Gabe von zu heißer Flaschenkost).
- Schauen Sie sich im Vorfeld an, wie Brandwunden und Narben aussehen, die als Folge des Ausdämpfen von Zigaretten am Körper entstanden sind.
- Bei *sexualisierter Gewalt*: Blutige Verschmutzungen der Unterwäsche, insbesondere der Unterhose, blutiger Harn, Brennen beim Urinieren, Schmerzen beim Stuhlgang und Stuhlverhalten (vgl. Sabas, 2022).
- Plötzlicher Hörverlust, Ohrensausen (Hinweis auf ein zerrissenes Trommelfell).
- Schonhaltung (nach Prellungen und Knochentraumen).
- Appetitmangel, Gewichtsabnahme.
- Ängste z. B. vor den eigenen Eltern (z. B. Angst vor Bestrafung, Angst vor dem Nachhause gehen, Angst vor dem Verlassen werden etc.).
- Auffällige körperliche Nähe zu Fremden (Kuscheln, Küssen, auf dem Schoß sitzen etc.).

Doch wie würden Sie als Eltern reagieren, wenn der beste Freund ihres Kindes von Schlägen seiner Eltern berichtet? Nun, wenn ein Besuchskind von häuslicher

Gewalt erzählt, sind die meisten Menschen überfordert, den richtigen Weg zu finden, damit das Besuchskind nicht weiterer Gefahr ausgesetzt wird. Wie können wir dem Besuchskind also helfen? Sollten wir die Erziehungsberechtigten auf ihre Gewalttat ansprechen? Wenn sich bei dieser Fragestellung bei Ihnen ein lautes „Ja!" melden sollte, müssen wir uns intensiv damit auseinandersetzen, wie wir mit den Erziehungsberechtigten im Sinne des Kindeswohls und ohne Fehlverhalten kommunizieren müssen.

> „Wenn Sie die Augen verschließen, sind Sie Mittäter des Geschehens." (Nathalie Sabas)

Ein Kind, das zu Besuch ist, mit dem eigenen Kind spielt und lacht, berichtet plötzlich, vielleicht eher nebenbei oder im Spiel, dass es zu Hause geschlagen wird. Eine schwierige Situation, weil die meisten von uns kaum wissen, wie sie auf das „Lüften des Geheimnisses" reagieren sollen. Jedes dritte Mädchen und jeder siebte Junge erfahren in ihrem eigentlichen Schutzraum körperliche Gewalt, und da sind seelische und sexuelle Misshandlungen noch nicht miteingerechnet.

Wenn das Besuchskind Ihnen berichtet, dass es von seiner Mama und/oder seinem Papa geschlagen wird, sollten Sie in erster Linie antworten, dass das absolut nicht in Ordnung ist. Des Weiteren sollten Sie betonen, dass es sehr schlimm ist, ein Kind zu schlagen. Zweifeln Sie keineswegs die Aussage des Kindes an. Verharmlosen Sie keine Details des Kindes. Lassen Sie das Gesagte des Kindes als Fakt stehen.

> „Wenn Ihnen ein Kind von Schlägen zu Hause berichtet, nehmen Sie das Gesagte immer ernst, auch wenn das Kind dies nur mit einfachen Worten zum Ausdruck bringen kann." (Nathalie Sabas)

Es ist enorm wichtig, dass Sie das geschädigte Kind nicht ausfragen, um die Gefahr der Suggestion zu vermeiden. Ein Kind zu befragen, ist immer die Aufgabe einer geschulten Fachperson der abklärenden Behörde (Kindesschutz- oder Strafbehörde). Wenn das Kind mit Ihnen über die häusliche Gewalt sprechen möchte, nehmen Sie sich bewusst Zeit und ermutigen Sie es, über das Bedrückende zu sprechen. Das Kind entscheidet, wann und wie es sich öffnen möchte. Nehmen Sie in erster Linie die Rolle des aktiven Zuhörers ein, indem Sie eine unterstützende Haltung einnehmen. Des Weiteren dürfen Sie niemals negative Bemerkungen über die Tatperson äußern, auch nicht nonverbal. Ihre eigenen Gefühle haben hier nichts zu suchen, auch wenn Ihnen ein dicker Kloß im Hals stecken sollte, denn Kinder lieben ihre Eltern trotz der erlebten Gewalt. Ich formuliere dies bewusst pointiert, da das betroffene Kind über eine ausgeprägte Sensibilität verfügt und rasch erkennt, ob Sie als eigentliche Vertrauensperson die häusliche Gewalt emotional bewältigen können. Die Folge: Das Kind verstummt und wird sich mit ziemlich hoher Wahrscheinlichkeit keinem Erwachsenen mehr hilfesuchend zuwenden. Welche grauenvollen Taten am Kind Sie von dem Schutzbedürftigen auch hören, bleiben Sie ruhig und überstürzen Sie nichts. Vermitteln Sie dem betroffenen Kind kontinuierlich, dass es nicht schuld ist!

Fragen, die Sie als auserwählte Vertrauensperson dem betroffenen Kind stellen dürfen:

- Wann ist das passiert?
- In welcher Situation?
- Wohin wurdest du geschlagen?
- Gab es jemanden, der das mitbekommen hat?
- Wie haben er oder sie reagiert?
- Wie hast du dich gefühlt?

Es ist enorm wichtig, dass Sie versuchen, so viele Informationen wie möglich zu der grauenvollen Tat zu sammeln, um sich ein exaktes Bild machen zu können. Die Erzählungen des Kindes sollten Sie sich genau merken. Sollte das Kind aufgrund der emotionalen Belastungen nicht mit Worten ausdrücken können, wie es sich in der Situation gefühlt hat, übernehmen Sie Verantwortung und begleiten Sie das Kind mit Aussagen wie *„Bestimmt warst du erst überrascht und dann wütend …"*

Es ist wichtig, dass ein Kind lernt, dass jedes Gefühl erlaubt ist, und hierzu die erlebte Emotion einen Namen hat. Wir können wütend oder traurig sein, uns fröhlich fühlen oder auch hilflos.

Wenn das betroffene Kind Wut empfindet, ohne zu verstehen, was diese Emotion ausgelöst hat und was es ist, wird es dem Schutzbedürftigen nicht gelingen, *Bewältigungsstrategien* zu entwickeln. Vor diesem Hintergrund müssen Sie fortwährend erklären, welches Gefühl da gerade im Vordergrund steht. Das Kind wird schnell merken, dass es in erster Linie sehr hilfreich ist, darüber zu sprechen, damit das Herz leichter wird.

Im nächsten Schritt sollten Sie als auserwählte Vertrauensperson Ihre Unterstützung anbieten. Sie können dem betroffenen Kind mitteilen, dass es sich jederzeit wieder an Sie wenden kann, wenn es Hilfe braucht. Zudem ist es wichtig, den „Horizont der Hilfsmöglichkeiten" zu erweitern. Das bedeutet, dass Sie auf anderweitige Vertrauenspersonen, z. B. Lehrende, Schulsozialarbeiter*in oder Erzieher*in hinweisen sollten, dass das Kind sich diesem Personenkreis ebenfalls vertrauensvoll zuwenden kann.

Um über die häusliche Gewaltsituation des betroffenen Kindes mit seinen Erziehungsberechtigten zu sprechen, erfordert Zivilcourage. An dieser Stelle ist es gleich, wie das Verhältnis zu den Erziehungsberechtigten des betroffenen Kindes ist, denn die reine Kinderseele hat unfassbaren Schmerz erlitten und das Kindeswohl ist über alle Ihre vielleicht entstandenen Blockaden des Ansprechens der Gewalt zu stellen. Sie müssen die erlebte Gewalt des betroffenen Kindes auf Erwachsenenebene ansprechen. Damit senden Sie das glasklare Signal, dass es eine Aufmerksamkeit gibt und die Gewalt nicht mehr im Verborgenen stattfindet. Spiegeln Sie, was die Gewaltsituation für das Kind bedeutet, wie schmerzhaft die Erfahrung sowohl auf körperlicher als auch auf seelischer Ebene war. Lassen Sie sich nicht verunsichern, wenn die betroffenen Erziehungsberechtigten wütend oder mit Gelächter auf Ihr Angesprochenes reagieren. Diese Reaktion ist ein Schutzmechanismus, aber nicht in Ordnung. In jedem Fall sollten Sie Hilfe anbieten (z. B. Entlastung, Aufsuchen von Beratungsstellen etc.). Auch wenn Sie vielleicht auf Ihr Hilfsangebot noch keine Rückmeldung erhalten, besteht allerdings die Möglichkeit, dass nach einiger Zeit die betroffenen Eltern sich ratsuchend an Sie wenden.

Wichtig ist, dass Sie nicht beim betroffenen Kind nachfragen, ob sich die häusliche Situation gebessert hat. Wenn das Kind nicht selbst wieder über eine häusliche Gewaltsituation spricht, sollten Sie sich zurückhalten. Es empfiehlt sich, zu warten, bis das Kind selbst Redebedarf hat und sich an Sie wendet. Gehen Sie in die Beobachtungsfunktion, ob das betroffene Kind Verhaltensveränderungen zeigt: Was malt das Kind? Was spielt das Kind? Wie tritt das Kind mit anderen in Kontakt? Wie löst es Konflikte? Ihre Beobachtungen werden mehr sagen als Worte, denn Kinder bilden ihre Erlebniswelt im Spiel nach, sie erzählen Geschichten oder malen Bilder, in denen manchmal auch nur versteckt vorkommt, wie es ihnen geht und was sie beschäftigt.

Sollte das betroffene Kind nicht mehr zu Ihnen bzw. zu Ihrem eigenen Kind zum Besuchskontakt, wie gewohnt, dürfen, ist dies ein weiteres Indiz dafür, dass die Geheimhaltung fortgeführt wird. In diesem Fall müssen Sie selbst aktiv werden. Wie Sie auch dem betroffenen Kind mitgeteilt haben, müssen Sie sich jetzt an anderweitige Personen wenden (Lehrende, Schulsozialarbeiter*in, Jugendamt etc.).

Kinder, die seelische oder körperliche Gewalt erfahren, versuchen meistens, sich anderswo Aufmerksamkeit und Liebe zu suchen, denn sie wollen die mangelnde Nähe kompensieren. Ich erinnere mich an eine Familie, die zu einem Beratungsgespräch im Jugendamt erschienen ist. Der Anlass: Überprüfung einer möglichen Kindeswohlgefährdung, gem. § 8a SGB VIII. Als die Eltern und ihre Kinder Platz nahmen, hatte es keine 5 min gedauert, da setzte sich das 4-jährige

Kind auf meinen Schoß, obwohl ich dem Kind äußerst fremd war. Darüber hinaus gibt es auch Kinder die ein überangepasstes Verhalten zeigen. Diese Schutzbedürftigen versuchen, kontinuierlich zu gefallen, und haben den Glaubenssatz tief verinnerlicht, sie müssten sich eine wohlwollende Aufmerksamkeit verdienen, sie erarbeiten. Des Weiteren gibt es aber auch Kinder, die sich durch negative Verhaltensweisen die bedürfnisorientierte Aufmerksamkeit holen, indem sie bspw. aggressiv sind. Auch die Zurechtweisung ist eine Form der Aufmerksamkeit. In ihrer Welt zählt die versteckte Bitte der „Nichtgleichgültigkeit".

Vor wenigen Wochen habe ich mich mit einer Fachkraft aus der ambulanten Jugendhilfe ausgetauscht. Er wird im Rahmen der Jugendhilfe, gem. § 35 SGB VIII, als Einzelfallhelfer für die betroffenen Minderjährigen installiert. Die einleitende Unterstützung des Einzelfallhelfers, gem. § 35 SGB VIII, geschieht durch einen Antrag auf Hilfe zur Erziehung gem. § 27ff. SGB VIII beim örtlichen Jugendamt. Die äußerst professionelle Fachkraft mit einer wundervollen persönlichen und fachlichen Haltung berichtete mir ausführlich vom Umgang in Akutsituationen mit aggressiven Kindern und Jugendlichen. Dies möchte ich Ihnen gerne schildern.

„Ich war an einem Tag in Mikes Schule. Der Anlass war, dass ich den 14-Jährigen auch im Kontext Schule besser kennenlernen wollte. Auf dem Pausenhof kam es zu einer Schlägerei. Da die Lehrer nicht eingriffen, nur laut schrien, dass sie auseinander gehen sollten, packte ich Mike am Kragen, er war körperlich weit überlegener als der andere. Mike tobte und versuchte, auch mich zu schlagen. Da ich allerdings auch noch Übungsleiter in einem Selbstverteidigungskurs bin, hatten mich die Fäuste von Mike nur wenig beeindruckt. Aus der Reichweite der Mitschüler und Lehrenden umarmte ich Mike, ich hielt ihn so lange fest, bis seine Kräfte ihn verließen. Ich habe ihn aus der ganzen Kraft meines Herzens gehalten, um ihm zu vermitteln: „Du musst nicht kämpfen", „Du musst niemanden blutig schlagen, um deinen Schmerz auszudrücken." Der Grund dieses Pausenkampfes war mir im ersten Moment egal. Ich wusste von der Aggressivität des 14-Jährigen. Mike hatte mir im Nachhinein berichtet, dass ein Mitschüler seine Mutter beleidigt hätte. Das Jugendamt hat sehr gute Arbeit geleistet, denn wenn ich mir vorstelle, dass eine andere Fachkraft der Jugendhilfe für Mike zuständig wäre, die im „Kampfsport" keine Ahnung hat, wäre es kaum möglich, einen Typ wie Mike prozessabhängig in die positive, ressourcenorientierte Richtung zu begleiten. Der Kern meiner Arbeit ist es, die Liebe in ihrem Herzen zu sehen, das mit unzähligen Mauern des Schmerzes geschützt ist."

Wann sollten Sie die Polizei oder das Jugendamt informieren?
In jeder Situation, die aus dem Ruder läuft und bei der Sie nicht intervenieren können, haben Sie die Pflicht, die Polizei zu rufen.

Aus meiner Sicht trägt jeder Mensch Mitschuld, wenn die Augen vor Gewalttaten verschlossen werden. Hierbei ist es gleich, ob Sie Ihren Nachbarn hören, der sein Kind misshandelt, oder auf dem Spielplatz erleben, dass einem Kind unfassbares Leid angetan wird.

Sobald die Polizei informiert wird, ist es die Pflicht der Polizei, diese Gewaltsituation dem Jugendamt mitzuteilen. Das Jugendamt sollten Sie informieren, wenn Sie davon ausgehen, dass ein minderjähriges Kind dauerhaft zu Hause Gewalt/Leid erfährt, bspw. wenn ein Besuchskind Ihnen vertrauensvoll wiederholt von der Gewalt berichtet und Gespräche mit den Erziehungsberechtigten offenbar nicht erfolgreich waren (d. h. eigenständiges Aufsuchen von Hilfsmöglichkeiten fehlschlagen).

„Ich hörte ein lautes Klatschen. Er hatte meiner Mutter im Schlaf ins Gesicht geschlagen. Dann knipste er das Licht an und behauptete, er habe nur in die Hände geklatscht, um sie zu erschrecken. Da lernte ich zum ersten Mal, dass Erwachsene lügen." (Nina, 13 Jahre).

5.1.1 Geschlechtsspezifische Reaktionen

„Mein Vater hat meine Mutter über Jahre geschlagen, als ich alt genug war und gut im Boxen war, haute ich meinem Vater im besoffenen Zustand eine rein. Dann hat er aus dem Mund geblutet. Aus Angst habe ich 4 Tage bei meiner Freundin geschlafen." (Denis, 17 Jahre).

Kinder, die Opfer häuslicher Gewalt werden, sind schwer traumatisiert. Sie erlernen destruktive und negative Verhaltens- und Geschlechterrollenmuster. Oftmals fühlen sich die Systemschwächsten mitverantwortlich, schuldig, hilflos, allein gelassen und schutzlos ausgeliefert. In zahlreichen Fällen versuchen die betroffenen Kinder in das akute Gewaltgeschehen einzugreifen und erfahren aufgrund der Kontrolllosigkeit ihrer geliebten Eltern selbst Verletzungen – physisch und psychisch. Schätzungen zufolge hat ein Drittel der heute Erwachsenen in Deutschland in der Kindheit mindestens eine Form mittelschwerer bis schwerer Gewalt erlebt. Wenn wir von Veränderungen des Familienkonstrukts sprechen, brauchen diese deshalb so lange, weil Gewalt oft von Generation zu Generation weitergegeben wird. Das bedeutet, dass Menschen, die selbst Gewalt in der Erziehung erlebt haben, eher zu Toleranz des Gewaltmusters tendieren. Vor diesem Hintergrund, besteht die hohe Wahrscheinlichkeit, Gewalt an ihren eigenen Kindern anzuwenden, da sie eben kein anderes „Handwerkszeug" erlernt haben. Auch wenn Kinder nicht von ihren Eltern geschlagen werden, aber Zeugen häuslicher Gewalt werden, erlernen sie problematische Verhaltens- und Geschlechterrollenmuster. Sie zeigen dieselben Verhaltensauffälligkeiten wie Kinder, die von ihren Eltern Gewalttaten an Seele und Leib spüren. Erleben Kinder Gewalt in der Familie als normal, kann sich das Risiko erhöhen, dass sie später selbst von Gewalt betroffen oder gewalttätig werden. Das Erkennen und der Ausstieg aus der generationenübergreifenden Gewalt werden so immer schwieriger.

Es ist äußerst besorgniserregend, dass bis heute vielen Menschen nicht bewusst ist, dass Kindern jegliche Form von Gewalt schadet. Ob es die Ohrfeige, der berühmte Klaps auf den Hintern oder auch die oft übersehene psychische Gewalt, Beschimpfungen, wie „Du Versager!", oder „Du wirst es nie zu etwas bringen", sind. Wer behauptet, dass an dieser Stelle von Menschen mit Migrationshintergrund gesprochen wird, irrt sich gewaltig. Demütigungen und emotionale Vernachlässigung kommen „in den besten Familien" vor – und das nahezu tagtäglich. Auch wenn die deterministische Gleichung „Jungen als Opfer häuslicher Gewalt werden als Männer zu Tätern, Mädchen als Frauen zu Opfern" nicht angebracht ist, zeigen Untersuchungen doch, dass das Risiko einer solchen Entwicklung hoch ist.

In einer Reihe von Untersuchungen wurde danach gefragt, ob Mädchen und Jungen stärker auf ein Miterleben von Gewalt ihrer Eltern reagieren. Nach dem heutigen Wissensstand lässt sich die Frage dahingehend beantworten, dass auf der Ebene der globalen Verhaltensauffälligkeiten Jungen und Mädchen ähnlich belastend zu reagieren scheinen (vgl. Kitzmann et al. 2003). Allerdings überwiegen auch bei Jungen internalisierende Auffälligkeiten. Unter diesen Reaktionen werden Ängste, depressive Symptome und Somatisierungsstörungen (körperliche Symptome ohne organische Grundlage) zusammengefasst, die sehr häufig im Bildungssystem übersehen werden. Für Kinder kann das bedeuten, dass sich ihre Symptome im Laufe ihrer Entwicklung manifestieren und verschlimmern, wenn es niemanden „Wachsamen" in der Gesellschaft gibt. Darüber hinaus kann ebenso eine erhöhte Unruhe und Aggressivität auch bei Mädchen auftreten.

Dem gegenübergestellt gibt es zahlreiche Hinweise auf mögliche spezifische Geschlechterunterschiede. Eine Untersuchung ergab, dass besonders Mädchen dazu neigen, sich für die Gewalt (mit-)verantwortlich zu fühlen, während Jungen den Aspekt der Bedrohung der Gewalt intensiver erleben (vgl. Kehrig, 1998). Auffällig ist, dass gerade Mädchen externalisierende Reaktionen stärker in ihrem sozialen Umfeld zeigen, während bei Jungen die Gefahr einer Chronifizierung externalisierender

Reaktionen sehr hoch ist. Dennoch vermisse ich an dieser Stelle gute Studien zu geschlechtsbezogenen Aspekten des Umgangs von Jungen und Mädchen mit dem Erleben der Gewalt ihrer geliebten Eltern. Glücklicherweise sind diese Studien noch im Ausbau. Es bleibt abzuwarten, wie sich die Statistik im weiteren Verlauf der Gewaltdynamik in Familien entwickelt.

Wenn wir uns die psychischen Auffälligkeiten bei Mädchen ansehen, treten Auffälligkeiten tendenziell später im Entwicklungsverlauf auf und sie sind eher nach innen gerichtet (Internalisierung, z. B. Ängste, Depression). Bei Jungen treten Auffälligkeiten im Schnitt früher auf und sie sind eher nach außen gerichtet (Externalisierung, z. B. Aggression, Aufmerksamkeitsstörungen). Im Hinblick auf psychische Probleme nach miterlebter Partnerschaftsgewalt bestätigt sich dieses Muster nur teilweise. Jungen neigen eher zu aggressiven Verhaltensauffälligkeiten, wie z. B. Störungen des Sozialverhaltens, die Fachkräfte sehr gut in der Praxis beobachten können. In der Praxis wäre es deshalb sehr wichtig, sich intensiver mit Ängsten und Depressionen auseinanderzusetzen, die in ihrer Ernsthaftigkeit leichter übersehen werden. Posttraumatische Belastungsstörungen als Reaktion auf alle Arten von Beziehungstraumata, zu denen auch Partnerschaftsgewalt zählt, finden sich jedoch bei Mädchen häufiger als bei Jungen (vgl. Evans & Saint-Aubin, 2008). Was wir erkennen müssen, ist, dass Kinder, die von Gewalt betroffen sind, unabhängig von Geschlecht und Alter ihren Schmerz in ihrer Seele tragen – und das ihr gesamtes Leben hinweg. Es bleibt ein Teil ihrer Biografie, der wir uns im Großen und Ganzen intensiv widmen müssen. Auch wenn die Leidtragenden, „stille" oder „laute" Verhaltensweisen zeigen, dürfen wir den Blick auf ihre ganz persönlichen Ressourcen nicht vergessen. Gewalttätige Eltern erstickten jegliches Selbstwertgefühl der Kinder, – und hier bedarf es einer ganz besonderen Aufmerksamkeit.

5.2 Langzeitfolgen – der „ruhende" Vulkan

„Weil ich die Liebe meines Partners nicht ertragen konnte, provozierte ich bewusst Streit, ich schrie und schlug ihn, weil ich mit seinem liebevollen Umgang mit mir nicht umgehen konnte. Ich kannte nur Vernichtung als Kind." (Anna, 42 J.).

Erleben Kinder in ihren sehr prägenden jungen Jahren häusliche Gewalt gegen ihre geliebte Mutter, auch den Vater, wächst das Risiko, dass sie als Erwachsene selbst Schwierigkeiten im Umgang mit Gewalt haben. Oftmals verhalten sich die „ruhenden Vulkane" ebenfalls gewalttätig gegenüber ihren Partner*innen. Es ist nur eine Frage der Zeit bis der Vulkan ausbricht – und das meistens in Stresssituationen.

Die Folgen häuslicher Gewalt sind sowohl akut als auch langfristig, und sie sind körperlicher und psychischer Natur. Neben den unmittelbaren physischen Verletzungen tragen Betroffene langfristig ihre seelischen Verletzungen mit sich. Eine der fatalsten Konsequenzen häuslicher Gewalt in unserer Gesellschaft ist die Tatsache, dass sie weitergelebt wird.

5.2.1 Der Kampf im Erwachsenenalter

„Wenn es nicht aus Liebe war, kam mein Dämon der Vergangenheit an die Oberfläche." (Barbara, 36 J.).

Wenn Kinder mit den ungelösten Traumata der häuslichen Gewalt aufwachsen und selbst Eltern werden, stehen sie vor einer großen emotionalen Herausforderung. Beispielsweise kann das Verhalten des eigenen Kindes, etwa das Schreien eines Säuglings, erlebte Traumata triggern, da es an das eigene Weinen erinnert in den Zeiten der in der Kindheit erlebten eigenen Hilflosigkeit und Ohnmacht. Der Schmerz gelangt aus der Tiefe der Seele an die Oberfläche. Aufgrund dieser Unwissenheit läuft ein unterbewusstes Drehrad an Verhaltensmustern ab. Schlagartig greifen betroffene Eltern meist zu ähnlichen, dem Kindeswohl schädlichen Verhaltensweisen, die sie einst in ihrer Kindheit erleben mussten.

Kinder, die nahezu tagtäglich häusliche Gewalt bei ihren Eltern ansehen mussten und bereits selbst physische und psychische Gewalt an Leib und Seele erfahren mussten, sehen sich im Erwachsenenalter als jemanden, der hin und wieder „ausrastet" und „hitzblitzig" ist. Dieser Kontrollverlust führt meistens zu Schuldgefühlen, wenn bei ihren eigenen geliebten Kindern „die Hand ausrutscht". Aussagen wie *„Mein Schatz, es tut mir leid, dass ich dich geschlagen habe, aber ich konnte nicht anders. Du hast das Glas umgeworfen …, was soll ich denn machen? Ich drehe durch und dann knallt es nicht nur Beifall"* führen bei ihren Kindern zu massivem Vertrauensverlust, Ängsten und großer Unsicherheit. Gewaltausbrüche und unbeherrschbare Wut ergreifen die Oberhand. Betroffene Erwachsene und ihre Kinder ziehen in den eigenen Kampf, der nur schwer zu durchbrechen scheint.

Aufgrund der Anbindung an eine Kindertagesstätte oder an die Schule wird die Entwicklung eines jeden Kindes auf den Prüfstand gestellt. Durch die Anbindung an eine Kindertagesstätte oder Schule wird die Entwicklung jedes Kindes regelmäßig überprüft. Kinder mit Entwicklungs-, Sprach- oder Verhaltensstörungen erhalten therapeutische Unterstützung. In vielen Fällen geloben die betroffenen Eltern, ihre Kinder nicht mehr zu schlagen, und viele von ihnen schaffen es, dieses Versprechen einzuhalten. Dennoch bleibt die Herausforderung bestehen: Erwachsene, die selbst Opfer häuslicher Gewalt waren, müssen oft miterleben, wie ihr eigener Sohn über einen längeren Zeitraum ins kriminelle Milieu abdriftet oder ihre Tochter schwierige Lebensentscheidungen trifft und Beziehungen mit sogenannten „Bad Boys" eingeht.

Psychische Folgeschäden häuslicher Gewalt
Angstzustände, Schlafstörungen, Misstrauen, Depression, Scham- und Schuldgefühle, Gefühle der Beschmutzung und Stigmatisierung, niedriges Selbstwertgefühl, Todeswünsche, Verzweiflung, selbstverletzendes Verhalten, Essstörungen, Abhängigkeit von Drogen und Medikamenten, Suizid(-versuche).

Wenn die häusliche Gewalt über einen längeren Zeitraum andauert, verlieren die Schutzbedürftigen bereits in der Kindheit oder später im Erwachsenenalter den Glauben an die eigene Sicherheit und Unverletzlichkeit. Die Folgen sind: Rückzugstendenzen, Veränderungen des Wertesystems, Wahrnehmungsstörungen bis hin zu schweren psychischen Störungen und Erkrankungen, wie chronische Suizidgedanken und selbstschädigendes/selbstverletzendes Verhalten, Persönlichkeits- und Beziehungsstörungen, posttraumatische Belastungsstörungen, Borderline- und dissoziative Identitätsstörungen.

Des Weiteren gehören zu den *schwerwiegenden Folgen von häuslicher Gewalt*: geringes oder völlig fehlendes Selbstvertrauen, Passivität und Ambivalenz bei Entscheidungen. Gerade diese Folgen werden im öffentlichen Bewusstsein meist mit den Ursachen verwechselt. So wird immer wieder angenommen, dass misshandelte Frauen nichts zur Veränderung ihrer Situation beitragen wollen, oder dass Frauen misshandelt werden, weil sie ambivalent oder passiv sind.

Wenn Gewalt im Geschlechter- und im Generationenverhältnis zusammen untersucht wird, werden Frauen und Männer im doppelten Handlungs- und Beziehungskontext erkennbar: als Paar und als Eltern. Vor diesem Hintergrund wird der Blick frei für die soziale Problematik, dass Frauen im Kontext des Geschlechterverhältnisses Opfer männlicher Gewalt sein können, im Kontext des Generationenverhältnisses hingegen selbst gewalttätig zu handeln vermögen (vgl. Brückner, 2014).

Ein wichtiger Punkt ist, dass die gesundheitlichen Auswirkungen häuslicher Gewalt immer noch nicht optimal wahrgenommen und in den Fokus gerückt werden, da sie mit dem Leiden von häuslicher Gewalt nicht in Verbindung gebracht werden. Selbst wenn die Gewalt akut nicht mehr Bestandteil des persönlichen Erlebens ist, leiden viele Betroffene noch sehr lange unter den Folgen. Damit verbunden sind oftmals Schwierigkeiten in persönlichen, familiären, sozialen, erzieherischen, beruflichen oder anderen wichtigen Lebensbereichen. Körperliche und psychische Grausamkeiten durch den eigenen Partner haben meist weitreichende und tiefgreifende Auswirkungen auf die Betroffenen. Sie erleben einen kontinuierlichen Kampf in den Bereichen Persönlichkeit, Gefühlswelt, Selbstbild, Selbstwert und in sozialen Kontakten.

„Wenn es nicht aus Liebe war, was war es dann?" (Nathalie Sabas)

Alle Täter vermitteln ihren Partnerinnen, was an ihnen alles „falsch" oder „nicht gut genug" ist. Die Betroffenen sind ständiger und feindseliger Kritik ausgesetzt. Während es in einer gesunden Partnerschaft um das positive Erleben von Wertschätzung, Rückbestätigung und Rückhalt etc. geht, prasseln auf die betroffene Frau fast ausschließlich Negativbotschaften ein. Sukzessiv setzt sich das vom Täter aufgezwungene, negative Selbstbild bei den geschädigten Frauen fest, die Abwertungen des eigentlich geliebten „Partners" brennen sich tief ein, mit der Folge, dass die Betroffene mit der Zeit davon überzeugt ist, unfähig und wertlos zu sein. Da es dem Täter gelungen ist, ihre Wahrnehmung zu verzerren, fühlen sich Betroffene von häuslicher Gewalt verantwortlich und schuldig für die Grausamkeiten ihres Partners. Meist trägt das Umfeld auch noch dazu bei, die Schuldgefühle zu verstärken. Sofern es zu einer Trennung aus der toxischen Gewaltbeziehung kommt, neigen betroffene Frauen dazu, sich von sozialen Kontakten zurückzuziehen, und sind gehemmt, neue Kontakte einzugehen, da es massiv an Vertrauen fehlt. Die Außenwelt wird als bedrohlich bis feindselig erlebt, manche Frauen erleben sich weiterhin als minderwertig bis wertlos. Wiederum andere stürzen sich in die nächste toxische Partnerschaft und verlaufen sich wiederholt in die Gefahr der Abhängigkeit. Die Gefahr ist sehr groß, dass die gefährlichen Verhaltensmuster bzw. Signale eines möglichen Täters nicht eindeutig interpretiert werden. Schon das kleinste Kompliment führt zu einem Gefühl des „Verliebtseins" und „Immerbleiben-Wollens".

5.2.2 Den „Prügelkreislauf" als Eltern stoppen

Denis ist fast vier. Seine Augen sind gerötet vom Weinen. Heute Morgen war es sehr schlimm. Denis' Mutter ist zutiefst bedrückt: Wie konnte ihr nur die Hand ausrutschen? Gefühle der Scham und Schuld erdrücken das Mamaherz. Dennoch fühlt sie noch die wütenden Anspannung: Warum hört er einfach nicht? Warum zieht er sich morgens einfach nicht an? Ich tue alles für ihn. Denis' Mutter hat kein Handwerkszeug, wie sie sich liebevoll durchsetzen soll.

Derartige Situationen gibt es in Deutschland jeden Tag. Mütter die in ihrer Erziehungskompetenz hilflos und gleichzeitig wütend sind. Viele Eltern geraten an ihre Grenzen. Kinder sind uns Eltern sehr nah. Kein anderer kann uns mit seinem Verhalten so sehr treffen bzw. triggern, wie das *„Spiegelbild"* des eigenen Kindes. Wenn Eltern sich im Konfliktfall nicht ohnmächtig fühlen brauchen, sondern wissen, wie sie sich selbst und ihrem Kind helfen können, brauchen sie nicht in

„hilfloser Wut" zuzuschlagen. Es macht die Situation nur noch schlimmer. Sie haben gelesen, dass bei Betroffenen häuslicher Gewalt bereits beim Weinen ihres Kindes die eigene früher erlebte Grausamkeit an die Oberfläche gelangt. Der Prügelkreislauf wird aktiviert, obwohl diese Eltern sich fest vorgenommen haben, niemals so sein zu wollen, wie ihre eigenen Elternteile. Sie würden alles besser machen.

Als Mitarbeiterin des Jugendamtes erinnere ich mich, dass eine junge Frau, die sich von ihrem gewalttätigen Ehemann lösten konnte, berichtete, wie sie ihren Sohn voller Zorn auf die Couch warf und die Faust vor sein kleines Gesicht hielt. Alles nur weil der 3-Jährige nicht aufgehört hat, mit dem Feuerwehrauto über den Laminatboden zu düsen, und die Geräuschkulisse für die Kindesmutter an diesem Morgen nicht zu ertragen war. Die Kindesmutter hatte sich insoweit im Griff, dass sie nicht zugeschlagen hat, weil sie sich rechtzeitig aus der für sie stressigen Situation löste. Als sie sich beruhigt hatte, erklärte ihr Sohn: „Mama, ich habe einen sehr wichtigen Rettungseinsatz gespielt."

Seine Mutter weinte sich aufgrund von Schuldgefühlen in den Schlaf. Nach 10 Tagen rief der Kindergarten an, um zu berichten, dass ihr Sohn einem Kind mit der Faust ins Gesicht geschlagen hat. Die Kindesmutter reflektierte ihr Verhalten gründlich und wandte sich der intensiven Arbeit der Heilung „ihres eigenen Schmerzes" zu. Auch diese Kindesmutter hatte bereits in ihrer eigenen Kindheit körperliche und psychische Gewalt erlebt. Vor diesem schmerzhaften Hintergrund, können „Triggerreize" bzw. „Flashbacks" ausgelöst werden und bewirken, dass Frauen wie in der erlebten Gewaltsituation fühlen und entsprechend reagieren.

Selbstkontrolle ist der passende Schlüssel, um das Schloss des „Prügelkreislaufes" zu durchbrechen. Es dauert, bis diese Selbstkontrolle in Fleisch und Blut übergeht. Aber es ist möglich. Betroffene häuslicher Gewalt benötigen dringend (therapeutische) Unterstützung, um in die Selbstkontrolle zu finden. Die entsprechenden Hilfsangebote werden in Kap. 11 beleuchtet. Wer die eigenen Schwachstellen nicht kennt, ist ihnen gnadenlos ausgeliefert. Wirklich ändern kann sich erst etwas, wenn man genau hinschaut, – auch wenn es wehtut oder sich innerlich alles dagegen sträubt, den eigenen Beitrag an der Situation zu erkennen. Wenn Eltern erkennen, dass Kinder ausschließlich die Anerkennung ihrer Eltern gewinnen und behalten wollen – und niemals eine böse Absicht hinter ihrem Verhalten verbergen, gelingt ein wundervolles, harmonisches Zusammenleben, auch als alleinerziehende Mutter. Betroffene häuslicher Gewalt lernten niemals „Teamwork" in ihrer eigenen familiären Biografie. „Nur der stärkste überlebt" – das ist ein Glaubenssatz, der mit Fäusten nicht zu beantworten ist. Ein gemeinsames Miteinander war nicht möglich durch das Ergreifen der Macht und der Unterdrückung des Partners.

„Die größte Stärke ist es, wenn man die Fäuste nicht einsetzt, obwohl diese brennen wie Feuer. Die größte Kraft ist die des Geistes, indem man mit Intelligenz gewinnt." (Nathalie Sabas)

In Konfliktsituationen brauchen Schutzbedürftige zuverlässige Erwachsene und vor allen Dingen Erwachsene, die ihre Emotionen kontrollieren können und die Übersicht behalten und nicht wie 3-Jährige toben und außer sich geraten. Kinder brauchen Eltern, die ihnen auf halbem Weg entgegenkommen, ihre Erwartungen begründen und nach dem Tobsuchtsanfall in Ruhe die Situation erklären, sodass ein Kind mit der Zeit immer mehr Einsicht und eigene Handlungsstrategien entwickeln kann. Jedes Kind hat denselben Wunsch und das ist das Bedürfnis nach Selbstständigkeit und Anerkennung. Wenn entnervte Eltern nicht mehr „Herr ihrer eigenen Sinne sind", schreien, ihr Kind bestrafen, es herabsetzen oder schlagen, geht dieser Anreiz verloren. Gedemütigte Kinder versuchen ihr ramponiertes Selbstwertgefühl durch die Hintertür wieder aufzupolieren, um sich ganz schnell wieder größer und stärker zu fühlen, – was wiederum durch ihre individuellen Signale und entsprechenden Verhaltensweisen an die Oberfläche gelangt. Es wird Ihnen nicht unbekannt vorkommen, wenn ich sage, dass sich Konflikte mit Kindern schnell hochschaukeln, wenn wir Eltern erst zu spät handeln und dann keinen kühlen Kopf behalten. „Nur nicht ausrasten", ist deshalb das oberste Gebot, und das immer in der Herausforderung, wenn bspw. der 3-Jährige in wilder Wut sich auf dem Boden wälzt, und auch dann, wenn Sie sich nicht mehr zu helfen wissen, weil auf das bereits dritte „Nein!" nicht gehört wurde. Wenn unser eigener Wutpegel steigt, müssen wir als Erwachsene die Notbremse ziehen. Spätestens dann, wenn Eltern, die in ihrer Kindheit selbst Gewalterfahrungen hatten, in diesen Konfliktsituationen das „Feuer in ihrer Hand" brennt, weil sie keine andere Handlungslösung finden. Wir müssen uns daran erinnern, und das zu jedem Zeitpunkt, dass Kinder die Systemschwächsten sind, auch wenn wir uns gerade ohnmächtig fühlen. Wenn Sie spüren, dass Sie aufbrausen wollen, oder Ihnen als Fachkraft ein belasteter Elternteil von erzieherischen Herausforderung berichtet, heißt es immer, die Situation zu kontrollieren. Was kann dabei helfen? Ich möchte Ihnen an dieser Stelle, ob betroffener Elternteil oder beratende Fachkraft, einen Fahrplan zur Selbstkontrolle zeigen:

Gehen Sie aus dem „Ring"! Gehen Sie aus dem Zimmer und zwar noch bevor Schlimmeres geschieht und Ihnen der Kragen platzt. Geben Sie Ihrem Kind ein klares Signal, dass Sie zwar da sind, aber für kurze Zeit auf Abstand gehen. Aussagen, wie *„Ich muss mich erst mal beruhigen", „Ich ziehe die Reißleine"*, werden Kinder auch im Alter von 3 Jahren sehr gut verstehen. Entweder gehen Sie selbst raus und lassen das tobende Kind allein – wenn es kein gefährlicher Ort ist –, oder

Sie bringen das Kind in sein Zimmer und machen die Tür zu. Um Missverständnisse zu vermeiden: Für ein Kind, das einen Wutanfall hat und von den eigenen Gefühlen überwältigt wird, ist es sehr viel besser, wenn seine Eltern dableiben, den Kontakt halten, die Emotionen des Kindes begleiten und abwarten, bis der innere Kampf des Kindes abklingt. Allerdings, wenn Sie befürchten, selbst die Nerven zu verlieren, dann ist es immer besser, dass Sie aus dem Kampf steigen. Auch ein schreiender Säugling darf in seinem Bett liegen bleiben und kann kurz allein gelassen werden, denn das ist immer noch besser, als das kleine Wesen anzubrüllen oder gar kräftig durchzuschütteln! Die Fälle von Schütteltraumen bei Säuglingen und Kleinkindern häufen sich im Jugendamt, und das aufgrund von äußerst belasteten Elternteilen, die sich in diesem Moment nicht anders zu helfen wussten, die keine anderen persönlichen Ressourcen haben, um sich selbst innerlich zu entspannen, um dann angemessen auf das geliebte Kind zu reagieren. Ich unterstelle jedem Elternteil das Bestmögliche für ihre Kinder zu wollen. Doch je nach Biografie, geistigem Zustand und angelerntem Konfliktmechanismus wird zu drastischen Mitteln gegriffen, die für das Kind lebensbedrohlich werden können.

Was sollten belastete Eltern tun, wenn Sie aus dem „Ring" steigen? Zum Beispiel hilft es zahlreichen Eltern, ein Kissen mit voller Wucht gegen die Wand zu werfen. Atmen Sie tief durch, zählen Sie dabei bis 10 oder besser noch bis 40 oder trinken Sie langsam ein Glas Wasser. Wenn Sie Raucher*in sind, zünden Sie sich eine Zigarette an. Oder stellen Sie sich eine Situation vor, die Ihnen guttut, vielleicht eine Person, die sich um Sie kümmert, oder sprechen Sie begütigend mit sich. Alles, was Sie tun müssen, ist, den Fokus auf das „Gute" zu rücken. Dafür müssen Sie allerdings dringend wissen, was Ihnen guttut, was Sie entspannt. Auch einige Sekunden Ihr Lieblingslied zu hören (Ohrhörer), bewährt sich als Wundermittel Ihres persönlichen Energieschubs. Wenn Sie sich beruhigt haben, gehen Sie wieder liebevoll auf Ihr geliebtes Kind zu: Nehmen Sie es in Ihre schützenden Arme. Zeigen Sie Ihrem Kind, Ihr Bedauern über Ihre Heftigkeit, z. B. das Sie lauter geworden sind. Sie als Eltern, wie auch Ihr geliebtes Kind, werden sehr erleichtert sein, dass das starke Gewitter vorbeigezogen ist. Dann wird sich bei Ihnen ein Gefühl des Stolzes zeigen, weil Sie tatsächlich Ihre Gefühle kontrolliert haben. Das beweist eine enorme Stärke Ihres eigenen Selbsts und gleichzeitig zeigen Sie Ihrem geliebten Kind, dass es in Stresssituationen in Ordnung ist, den Kampfplatz zu verlassen und in Liebe wieder aufeinander zuzugehen.

Häusliche Gewalt aus der Perspektive der Kinder

6

„Nachdem mein Vater meine Mama ins Gesicht schlug, rannte er wütend in den Garten. Er brüllte, dass er Mama umbringen will. Dann hörte ich eine Motorsäge aufheulen, die immer näher kam. Ich hatte Todesängste und zitterte am ganzen Körper, während Mama das Telefon in der Hand hielt und die Polizei anrief.“ (Anna, 13 J.).

Dieses Kapitel wird Sie nicht nur emotional ergreifen, sondern Ihnen die Realität direkt vor Augen führen. Ich erlebte in unzähligen Gesprächen mit betroffenen Kindern und ihren geliebten Bindungspersonen, dass die zarten Seelen Grausamkeiten erfahren hatten, die ein Kind niemals erleben sollte. Sie sind in eine Familie geboren, deren Eltern bereits zahlreiche seelische Verletzungen in ihrer eigenen Kindheit erleben mussten, ohne sich jemals mit ihrem eigenen „inneren Schmerz" auseinandergesetzt zu haben, drehen sie (un-)bewusst die Gewaltspirale weiter. Insbesondere in Stresssituationen werden Trigger der Vergangenheit losgelöst.

Im Folgenden ein Beispiel aus der Praxis:

„Du bist eine dreckige Hure und ich habe dich nur gefickt.“ (Kevin, 5 J.).

Diese Aussage von Kevin wurde im Kindergarten intensiv diskutiert. Während die Kindesmutter mit bagatellisierendem Verhalten die Aussage ihres Kindes hinunterschraubte und ihre Körpersprache den inneren Druck zeigte, wurde mir sehr deutlich, wie viel Angst die Kindesmutter vor den Konsequenzen der Fachkräfte und möglichen einleitenden Schritten hatte. Oftmals werden aufgrund der persönlichen Hilfeschreie, Unwahrheiten in den Vordergrund gestellt, da der Begriff der Inobhutnahme, gem. § 42 SGB VIII *„Mein Kind wird mir weggenommen",* noch fest in der Gesellschaft verankert ist. Doch wer die Wahrheit sagt, dem kann schnellstmögliche Hilfe angeboten werden, noch bevor es zu dramatischen, kindeswohlgefährdenden Situationen kommt.

© Der/die Autor(en), exklusiv lizenziert an Springer Fachmedien Wiesbaden GmbH, ein Teil von Springer Nature 2024
N. Sabas, *Häusliche Gewalt*, https://doi.org/10.1007/978-3-658-44151-7_6

Im Beobachtungsprozess der Fachkräfte und einer geduldigen, persönlichen, als auch fachlichen Haltung hatte sich der 5-Jährige nach einigen Wochen seiner Bezugsbetreuerin anvertraut und die Wahrheit ans Tageslicht gebracht.

„Papa hat so Mama gesagt, ich weiß nicht, was das heißt. Als Mama sagte, dass sie mich beide wollten, war er so wütend und warf einen Stuhl nach Mama. Ich war ganz leise und habe den Stuhl aufgehoben. Mama weinte. Papa spuckte auf den Boden und fuhr mit dem Motorrad weg. Ich glaube, es ging um Geld."

Das Verhalten der Eltern ist immer im Spiegelbild ihrer Kinder zu entdecken. Die Taten und Worte der Eltern in Gegenwart eines Kindes hallen lange nach. Die Emotionen, die Worte und die Körperhaltung wird das Kind mit großer Wahrscheinlichkeit in nächster Zukunft spiegeln, – das ist eine große Hilfe, um familiäre Grausamkeiten zu erkennen.

6.1   Kinder als Zeugen*innen häuslicher Gewalt

Gewalt unter den Eltern bedeutet für Kinder regelmäßig eine Beeinträchtigung der Beziehung zu beiden Elternteilen. Aus Sicht der Kinder sind Mama und Papa in unterschiedlicher Weise in ihrer elterlichen Verantwortung hochgradig eingeschränkt und können nicht angemessen bzw. kaum auf die kindlichen Bedürfnisse eingehen. Keineswegs bedeutet dies, dass Kinder nicht erleben dürfen, dass es Konflikte zwischen ihren Eltern gibt. Die Wichtigkeit liegt in der positiven Verarbeitung von Konflikt und Lösung. Die kindliche Erfahrung von Nichtvorhersehbarkeit und Nichtbeeinflussbarkeit spielt eine zentrale Rolle in der Entstehung von Gewaltbereitschaft bei Kindern und Jugendlichen. Darüber hinaus fehlt die emphatische Zuwendung der Eltern zum Kind.

Die Erwachsenen nehmen nur selten wahr, in welcher Weise ihre Kinder emotional betroffen sind und wie sehr ihre Seele nach Hilfe schreit. Wenn ein Kind Zeuge*in von häuslicher Gewalt seiner Eltern wird, resultieren daraus nicht nur seelische Belastungen durch die grausamen Erlebnisse, sondern ebenso leidet das Kind an dem damit einhergehenden Verlust oder Fehlen eines strukturierten und haltgebenden Umfelds, das auf Liebe basiert. Kontinuierlich erleben minderjährige Zeugen*innen häuslicher Gewalt widerstreitende Gefühle, wenn sie grausame Übergriffe ihrer geliebten Eltern beobachten. Diese Gefühle können wie folgt aussehen:

- Angst vor dem realen Verlust der Mutter.
- Angst vor der Vernichtung der eigenen Existenz (hier liegt der Augenmerk insbesondere bei Kleinkindern; sie erleben die Bedrohung ihrer Bezugsperson v. a. als eigene existenzielle Bedrohung, als Angst vor Vernichtung).

- Das Gefühl der Schuld: „Mama und Papa streiten wegen mir."
- Hilflosigkeit und Ohnmacht.
- Schuldgefühle, die geliebte Mutter nicht geschützt zu haben.
- Große Schamgefühle über das eigene „Versagen".
- Sprachlosigkeit und massives Leiden unter dem Schweigen.
- Loyalitätskonflikte zwischen den Eltern, weil sie immer beide Elternteile lieben.
- Überflutung mit inneren Triebkräften und Gefühlen.
- Schuld – und Angstgefühle wegen der eigenen aggressiven oder mörderischen Fantasien.

6.1.1 Gewaltbetroffene Kinder erzählen

Kinder, die in einer Dynamik von Gewalt aufwachsen, haben oft zwei Seelen in ihrer kleinen Brust: Einerseits lieben sie ihre Eltern und sehnen sich nach ihrer Nähe und Geborgenheit, andererseits haben sie Angst vor dem gewalttätigen Elternteil. Des Weiteren erleben sie eine unzumutbare Angst um den anderen Elternteil und/oder die Geschwister. Oftmals fassen die betroffenen Minderjährigen ihren gesamten Mut zusammen und stellen sich im gewalttätigen Konflikt zwischen ihre Eltern, oder ihre Geschwister. Die Schutzbedürftigen übernehmen eine Aufgabe, die eine immense Last auf ihren zarten Schultern ist.

„Erst hat Papa meine Mama mit einem Kabel verprügelt, und als meine Schwester dazwischenging, drosch er mit dem Kabel auf sie ein. Ich höre heute noch ihre Todesschreie." (Benny, 16 J.).

Kinder, die von häuslicher Gewalt betroffen sind, entwickeln mit der Zeit eine enorme Wachsamkeit und Feinfühligkeit, denn zuhause könnte jederzeit etwas Gefährliches geschehen. Da die Gefahr von den Eltern ausgelöst wird, zerrüttet das Urvertrauen der Kinder. Sie sind massiv verunsichert und rastlos. Die Hoffnung, dass die Gewalt beendet wird, erweist sich als illusionierte Lebensweise. Gefühle der Wut übernehmen das Verhaltenskonstrukt der betroffenen Kinder, da die gewalttätige Bezugsperson sich nicht unter Kontrolle hat, und sie verstehen nicht, warum die geschädigte Vertrauensperson sich gegen die Gewalt nicht wehrt.

Dieses „Familiengeheimnis" ist eine unzumutbare Belastung für jede Kinderseele. Zudem wird über die erlebte häusliche Gewalt innerhalb des familiären Beziehungsgefüges äußerst selten gesprochen. Zum einen kann es daran liegen, dass es den Kindern von ihren Eltern verboten wurde, zum anderen, dass Kinder gravierende Fantasien haben, was wohl geschehen wird, wenn sie jemandem vom dem „Familiengeheimnis" berichten. „Komme ich dann ins Heim?" oder

„Kommen meine Eltern ins Gefängnis?" sind typische Fragen, die z. B. eine Aufdeckung in direkter Aussage betreffend die familiäre häusliche Gewalt behindern. *„Als die nette Frau vom Jugendamt mit mir sprach, war ich erleichtert. Davor habe ich nicht mit anderen über meine Angst gesprochen. Das, was ich gesagt habe, war nicht die Wahrheit. Ich habe gesagt, ich hatte einen Albtraum von Monstern, aber nicht davon, was mir wirklich Angst gemacht hat. Aber die Frau vom Jugendamt hat mir sehr geholfen. Ich fühle mich gut."* (Niko, 9 J.).

Kinder, denen von ihren Eltern unfassbares Leid angetan wird, lieben ihre Eltern – und das kontinuierlich. Wenn ein geliebter Mensch eines schädlichen Verhaltens schuldig wird, fällt es dem Kind sehr schwer, dies einzuordnen. Aufgrund der Feinfühligkeit spürt das Kind, dass etwas nicht stimmt, und dennoch ist die Liebe zu seinen Eltern bedingungslos. Vor diesem Hintergrund denken Schutzbedürftige häufig: „Ich muss es einfach richtig machen oder noch besser machen, dann hört das auf" oder „Ich muss noch viel mehr zeigen, wie gern ich meine Mama und meinen Papa habe, damit alles wieder gut wird." Diese Gedanken führen zu einer enormen aufgetragenen Belastung, die sie sich selbst zumuten, mit dem Ergebnis, dass sie ihre eigene Kindheit vergessen oder phasenweise und situationsabhängig verlieren.

„Wenn meine Eltern gestritten haben mit Fäusten und Schreien, hatte ich immer das Gefühl, dass ich es bin, dass ich nicht genug bin, dass ich es bin, der schlecht ist. Ich hatte immer das Gefühl, mit mir stimmt etwas nicht. Denn manchmal haben meine Eltern auch gestritten, wenn ich vor Angst in die Hose gemacht habe. Papa hat gesagt, dass Mama und ich schuld seien." (Pia, 7 J.).

Es liegt in erster Linie immer in der Verantwortung der Eltern, ihre geliebten Kinder zu schützen und die Gewalt zu beenden. Auch die elterliche Verantwortung ist gesetzlich geregelt. Es gilt, dies den betroffenen Erwachsenen verständlich zu machen, das Schweigen zu brechen und mit dem Kind auf Augenhöhe und in einer kindgerechten Sprache über die häusliche Situation zu reden. Wenn dem Systemschwächsten erklärt wird, dass es für diese familiären Probleme keine Schuld trägt und nicht verantwortlich ist, wird das Kinderherz leichter. Des Weiteren ist es die Pflicht der aus Kinderaugen betrachtet geliebten Bezugspersonen, sich bei ihren Kindern zu entschuldigen. Das betroffene Kind wird neuen Mut und Vertrauen fassen, die es in dieser konfliktbehafteten Gewaltdynamik benötigt. Frauen, die von häuslicher Gewalt betroffen sind, sollten mit dem Kind einen *Notfallplan* besprechen: Wohin kann das Kind gehen, wenn der gewalttätige Elternteil *„wieder einmal einen schlechten Tag hat?"* Betroffene Frauen sollten über die kurzzeitige Betreuung durch Großeltern, Nachbarn*innen oder andere Vertrauenspersonen nachdenken, auch dann, wenn sie noch nicht in der Lage sind, über die Brutalität im häuslichen Kontext zu sprechen. Fachkräfte sollten diese Möglichkeiten

aufgreifen und grundsätzlich Schutzräume schaffen, in denen sich die Kinder aus-
toben und erholen können, wo die Kinder selbst Eigenkontrolle erfahren und krea-
tiv sein können, wo sie freundschaftliche Verbindungen pflegen können, damit
trotz des festgehaltenen „Familiengeheimnisses" jedes Kind das notwendige Gefühl „*hier darf ich Kind sein*" erlebt. Diese Schutzräume ermöglichen Kindern, die
eigentlich professionelle Unterstützung brauchen, die Stärkung der eigenen Persönlichkeit und das Auflösen des Gefühls der Einsamkeit sowie,dass sie ihre Not
auszudrücken und Gehör finden können.

6.2   Tiefe Einsichten in die Auswirkungen miterlebter häuslicher Gewalt

*„Wenn mein Papa um 17:30 Uhr nicht nach Hause gekommen ist, wusste ich, dass
er betrunken nach Hause kommt. Als ich seine Schritte im Treppenhaus hörte, lie-
fen meine Schwester und ich ins Zimmer, um uns unter der Decke zu verstecken."*
(Nadja, 29 J.).

Kinder, die Gewalt des Vaters gegen die Mutter erleben, neigen häufiger zu sozial wenig angepassten Konfliktbewältigungsstrategien. Sie weisen geringere soziale Fähigkeiten im Umgang mit Gleichaltrigen auf. Eine zusätzliche Belastung für
betroffene Kinder stellt die Tatsache dar, dass es zwischen den Erwachsenen und
ihren Kindern oft keine (Aus-)Sprache über die Grausamkeiten im Familiensystem
gibt. Vielen Eltern sind die Auswirkungen des Miterlebens des Gewaltaktes für ihre
Kinder nicht bewusst und sie nehmen oft nicht wahr, wie sehr die Kinder auf emotionaler Ebene beteiligt sind. Allerdings wird das Verbot ausgesprochen, über die
Gewalt zuhause zu sprechen. Des Weiteren kommt es häufig vor, dass Mütter den
Täter in Schutz nehmen, damit der Kindesvater bei den Kindern nicht ins schlechte
Licht rückt. Betroffene Frauen versuchen die familiäre Harmonie zumindest auf
dieser Ebene aufrechtzuhalten, das verunsichert die Kinder weitaus mehr, was wiederum Auswirkungen auf die Einschätzung der Realität und von „Gut und Böse"
hat. Gewalt wird verharmlost. Obwohl die Kinder große „Angst im Bauch" tragen,
lernen sie mit der Zeit, dass die Grausamkeiten in der Familie anscheinend „normal" seien.

*„Meine Kinder haben viel zu viel miterlebt. Ich habe ein wenig Angst, dass sie
irgendwann vielleicht nicht damit klarkommen. Was ich anders machen würde? Ich
würde mir früher Hilfe holen. Trotz der Angst, die Polizei anzurufen und zu sagen,
so, jetzt kann ich nicht mehr, er schlägt mich die ganze Zeit. Einfach früher Hilfe
holen, Freundinnen, die Nachbarn, wie oft haben sie mir gesagt, komm, wir helfen
dir, zu gehen."* (Kerstin, 35 J., Mutter von 3 Kindern).

Betroffene Kinder und Jugendliche sprechen sehr selten über ihre belastenden Erfahrungen. Der Tatort Familie kann viele Jahre ein großes Geheimnis bleiben, v. a. dann, wenn die Gesellschaft auf die „Schreie nach außen" nicht aufmerksam werden. Hierzu gehört eine umfangreiche Sensibilisierung für das Thema der Gewalt in der Partnerschaft. Einige betroffene Kinder schaffen es erst im Erwachsenenalter, über ihre fatalen häuslichen Erlebnisse zu sprechen. Dabei sind die Folgen von Gewalt im Kontext Familie für jüngere Kinder gravierender als für ältere Kinder. Karl Heinz Brisch (2013) stellte die neurobiologischen Forschungsergebnisse über den Einfluss von traumatischen Erfahrungen auf die Entstehung von Bindungsstörungen vor. Vor diesem Hintergrund haben das Miterleben häuslicher Gewalt zwischen Bezugspersonen, Trennungs- und Verlusttraumata sowie schwere emotionale Vernachlässigung schwerwiegende Auswirkungen. Diese Erfahrungen haben einen entwicklungshemmenden Einfluss auf zerebrale Reifungsprozesse und sind eine bedeutende Ursache für die Entstehung von desorganisierten Bindungsmustern bzw. von Bindungsstörungen. Erlebt der Säugling oder das Kleinkind Angst, Schmerz oder äußere oder innere Bedrohung wird sein „Bindungssystem" als innere Verhaltensbereitschaft aktiviert. Für Säugling und Kleinkind ist die Schutzfunktion durch eine Bindungsperson von absolut lebenserhaltender Bedeutung. Wenn Bezugspersonen aufgrund von häuslicher Gewalt ihren Säugling oder ihr Kleinkind nicht schützen können, hat es immense Auswirkungen auf die „Bindungs(er-)haltung". Grundlegend bei Bindungsstörungen ist, dass frühe Bedürfnisse nach Nähe und Schutz in Bedrohungssituationen und bei ängstlicher Aktivierung der Bindungsbedürfnisse in einem extremen Ausmaß nicht adäquat, unzureichend oder widersprüchlich von ihren Eltern beantwortet wurden.

Ein wichtiges Warnzeichen ist, dass betroffene Kinder sich durch undifferenzierte Freundlichkeit gegenüber allen Personen auszeichnen. Sie suchen in stressigen Situationen zwar Trost, aber ohne die Bevorzugung einer bestimmten Bezugsperson. Diese Kinder erlauben jeder fremden Person, die sich in ihrer Nähe aufhält, sie auf den Arm zu nehmen und sie zu trösten. Folgend ein Beispiel aus der Praxis:

Das Frauenhaus hatte eine Frau mit einem 2-jährigen Kind aufgenommen. Als wir uns gemeinsam an den Tisch setzten, um mit den anderen Frauen zu frühstücken, setzte sich das Mädchen auf meinen Schoß. Wir kannten uns vielleicht 10 min. Dann gab sie mir immer wieder einen Kuss auf die Wange. Auffällig dabei war, dass die Kindesmutter keineswegs auf die Situation reagierte. Nachdem ich das Mädchen ermuntert hatte, an ihren Platz zu gehen, um zu essen, setzte sich die 2-Jährige auf einen anderen Schoß. Auch die Bewohnerinnen waren dem Mädchen völlig unbekannt.

Manchmal ist die Bindungsstörung dadurch gekennzeichnet, dass es zu einer Rollenumkehr kommt. Diese Kinder müssen dann für ihre Eltern im *Tatort Familie* als sicherer Hafen dienen. Die Kinder können ihre Eltern nicht als Basis der Sicherheit benutzen, vielmehr müssen sie selbst den eigentlichen Bezugspersonen die notwendige emotionale Sicherheit geben. Sehr häufig kommt es im Rahmen häuslicher Gewalt vor, dass Frauen, die von ihren Partnern geschlagen werden, das Kind als Schutzschild vor sich halten. Das Kind ist im Mittelpunkt des akuten Geschehens zwischen seinen geliebten Elternteilen. Von der einen Seite sieht das Kind in die zornigen Augen seines Vaters, von der anderen Seite bekommt das Kind die panische Angst und körperliche Reaktion seiner geliebten Mutter mit. Diese erlebten Gefühle sind einer Kinderseele absolut nicht zuzumuten.

Gleichzeitig gilt es, zu betonen, dass das Erleben von Gewalt in der Erziehung auch in der Adoleszenz noch schwerwiegende Folgen haben kann. Häufig kommen Aggressivität, Depressionen, Suizidgedanken, Ängste sowie Denkstörungen vor. Häusliche Gewalt führt zu einem erhöhten Risiko, dass es auch zu tätlicher Gewalt und Vernachlässigung von Kindern kommt. Finkelhor hatte bereits im Jahr 1986 Untersuchungen durchgeführt, deren Resultate bis zum heutigen Tag gültig sind: Gewalterfahrungen von Kindern haben eine langfristige risikoerhöhende Wirkung auf ihre Entwicklung. Vor diesem Hintergrund sind betroffene Kinder in besonderer Weise gefährdet, suchtkrank zu werden, sich zu prostituieren, von zuhause wegzulaufen, selbstverletzendes Verhalten zu zeigen, bis hin zum eigenen Tötungsversuch, oder kriminell zu werden. Die Aktenlage ist deutlich: Die Sozialschädlichkeit innerfamilialer Gewalt liegt in der intergenerationalen Übertragung. Das bedeutet, dass Frauen, die als Kinder häusliche Gewalt ihrer Eltern beobachteten oder selbst misshandelt wurden, ein vielfach erhöhtes Risiko haben, als Erwachsene Opfer häuslicher Gewalt zu werden. Zusammenfassend lässt sich sagen, wer Gewalt in der Kindheit erfahren hat, reinszeniert gewaltvolle Beziehungen nicht nur im Erwachsenenalter, sondern vielfach bereits im Kindes- und Jugendalter. Gewalteskalationen unter z. B. männlichen Heranwachsenden, die eine typische Indikation bspw. für Erziehungshilfe gem. §§ 27 ff. KJHG darstellen, sind meist Ausdruck von Gewalterfahrungen im frühen Kindesalter (vgl. Hartwig, 2013).

6.3   Zwangsheirat – eine Form von Gewalt?

„Ich war 13 Jahre alt. Mein Vater sagte mir in scharfem Ton, dass ich an diesem Tag keine Fragen stellen darf. Ich musste ihm versprechen, dass ich meine Mund halte. Dann hat Mama mir ein glitzerndes Kleid angezogen. Ich sah aus wie eine

Prinzessin. Ich wusste nicht, was hier los war. Aber ich versprach meinem Vater, ein liebes Mädchen zu sein. " (Rosalie, 36 J.).

Entscheidet sich eine heranwachsende Frau gegen eine Zwangsehe, entscheidet sie sich gleichzeitig auch gegen ihre Familie. Es wird als Verrat der eigenen Familie gedeutet. So tragisch der Gedanke an eine erzwungene Ehe für Sie auch sein mag, junge Mädchen gehen das Versprechen der Ehe ein, um keine Schande für ihre Familie darzustellen. Im Gespräch mit einer betroffenen Frau aus dem Frauenhaus wurden mir sehr deutlich ihre Gefühle offenbart. Rosalie wurde damals mit 13 Jahren zwangsverheiratet. Sie war selbst noch ein Kind und lernte den „versprochenen Ehemann" erst am Tag der Hochzeit kennen. Die Hochzeitsplanungen waren schon weit vorangeschritten. Rosalie berichtete vom Lauschen der Gespräche zwischen ihren Eltern. Heute gibt sie der Gewalttat einen Namen: „*Meine Eltern haben mich für 30.000 € an einen Mann verkauft. Ihnen war meine Kindheit egal. Sie haben nur an das Geld gedacht.* "

Gerade vor den Sommerferien erhält die Polizei oder das Jugendamt besorgte Anrufe von Schulen oder den betroffenen Mädchen selbst. Sie haben furchtbare Angst, mit ihren Eltern ins Heimatland in den Urlaub zu fliegen, weil sie vermuten, dass sie dort verheiratet werden sollen. Hier muss das Jugendamt bzw. die Polizei sofort handeln.

Die Phänomene der Zwangsheirat und Kinderehen sind in Deutschland in den letzten Jahren zunehmend in den Fokus der Öffentlichkeit gerückt. Besonders dort, wo patriarchalisch geprägte Familienstrukturen herrschen, ist nach wie vor zu beobachten, dass Väter für ihre Töchter die Ehemänner aussuchen und sehr junge Mädchen bereits im Kindesalter verheiratet werden, teilweise mit einem sehr viel älteren Mann. Und an dieser Stelle haben wir noch nicht über die Hochzeitsnacht gesprochen. Was sich in jener Nacht bei Rosalie ereignete und immer noch zahlreichen, heranwachsenden Frauen widerfährt zerrüttet jedes Herz.

„Ich erinnere mich an sehr viele Menschen im Wohnzimmer, Unmengen an Speisen und unsere traditionelle Musik lief im Hintergrund. Als alle satt waren, begleitete mich mein Ehemann in das Schlafzimmer meiner Eltern. Das Bett war frisch bezogen – weiß. Dann wurde die Schlafzimmertür verschlossen. Mein Ehemann küsste mich wild, auf den Mund, auf den Hals, dann riss er das Kleid runter. Als ich aufschrie, hat er mir den Mund zugehalten. Mein Vater rief, dass ich ruhig sein soll, wie ich es ihm an diesem Tag versprochen hatte. Mein Körper und mein Geist waren im Schockzustand. Als er mit seinem Penis in meine Vagina eindrang, hatte ich höllische Schmerzen, ich weinte bitterlich. Alles ging sehr schnell. Dann rief mein Ehemann „fertig!" und öffnete die Schlafzimmertür. Mein Vater und meine Mutter rannten hinein, und begutachteten das Bettlaken, auf dem rote Blutflecken zu sehen waren, – ein Beweis dafür, dass ich noch Jungfrau gewesen bin und ich jeden Cent wert war."

Die Motive, die einer Zwangsverheiratung zugrunde liegen, sind vielfältig. Einer im November 2011 veröffentlichten, *bundesweiten Zwangsverheiratungsstudie in Deutschland* zufolge ist in 58 % der Fälle das „Ansehen der Familie" das Hauptmotiv. Betonen möchte ich an dieser Stelle, dass diese o. g. Studie die einzige Veröffentlichung zu diesem Themenschwerpunkt ist. Aus der Studie geht ebenfalls hervor, dass ebenso materielle Interessen eine Rolle spielen: 19,1 % der Betroffenen sagten aus, dass ihre Familie Geld für die Eheschließung bekomme. In knapp 4 % der Fälle war die Zwangsverheiratung explizit an die Reglementierung der sexuellen Orientierung der Kinder gebunden. Das Motiv für eine Zwangsverheiratung kann außerdem in der Erlangung eines Aufenthaltstitels in Deutschland für den nachziehenden Ehemann bzw. die nachziehende Ehefrau liegen, – in der oben genannten Studie war das in 13,4 % der Fälle eine Begründung. Die Mädchen und jungen Frauen, die aus den Herkunftsländern der Familien nach Deutschland kommen, gelten bei einigen Familien häufig als weniger *„westlich"* und damit als besonders geeignet für eine Eheschließung nach ihren *traditionellen* Vorstellungen.

Diese Form der Kindeswohlgefährdung ist *systemische Gewalt* im Namen der Ehre. Eine Form von „Frauenhandel des 21. Jahrhunderts", die sich nicht verleugnen lässt. Zwangsverheiratungen liegen dann vor, wenn mindestens einer der Eheleute durch die Ausübung von Gewalt oder durch Drohungen zum Eingehen einer formellen oder informellen (durch religiöse/soziale Zeremonie geschlossenen) Ehe gezwungen wird; Eheverträge, die im Rahmen *familiärer Traditionen* über Jahrzehnte hinweg entwickelt und fortgeführt wurden.

Der Gesetzgeber hat bereits am 23.06.2011 mit dem *„Gesetz zur Bekämpfung der Zwangsheirat und zum besseren Schutz der Opfer von Zwangsheirat sowie zur Änderung weiterer aufenthalts- und asylrechtlicher Vorschriften"* einen eigenständigen Straftatbestand, § 237 Strafgesetzbuch (StGB), aufgenommen. Zudem werden Heiratsverschleppungen ins Ausland ebenfalls bestraft, auch wenn es nicht zu einer Zwangsheirat kommen würde. Nur allein der Versuch ist strafbar. Unabhängig von der Gesetzeslage im Ausland, können die Täter*innen in Deutschland verurteilt werden, wenn die Betroffenen ihren Wohnsitz oder regelmäßigen Aufenthalt in Deutschland haben.

Ein weiterer Fall von *Zwangsverheiratung mit Auslandsbezug* wird unter dem Begriff der *Heiratsverschleppung* geführt. Bei dieser Form der Zwangsverheiratung werden Mädchen und Jungen in ihrem Herkunftsland oder dem Herkunftsland ihrer Eltern, wo sie üblicherweise die Ferien verbringen, gegen ihren Willen verlobt oder verheiratet. Die Chance ist sehr gering, dass sie wieder nach Deutschland zurückkehren. Wenn wir uns die Statistik der oben genannten *bundesweiten Zwangsverheiratungsstudie* ansehen, werden über die Hälfte (52 %) der Ehen im Ausland geschlossen oder sollen dort stattfinden. 36,2 % der von Zwangsverheiratung Bedrohten befürchten, dauerhaft gegen ihren Willen im

Ausland verbleiben zu müssen. In nur 7 % aller Beratungsfälle in der Studie war die Auslandsverschleppung bereits vollzogen, was auf eine hohe *Dunkelziffer an Heiratsverschleppung* schließen lässt. Aufgrund der hohen Zuwanderungszahlen müsste diese Thematik vielmehr in den Fokus der Öffentlich rücken.

6.4   Traumatisierungen von Kindern infolge häuslicher Gewalt

„In meinem Bauch war ein Tornado." (Ben, 6 J.).

Um Kindern eine Sprache, für ihr erfahrenes Leid zu geben, und die drastischen Folgen der Zeugen*innenschaft häuslicher Gewalt aufzuzeigen, näherte sich Philomena Strasser dem Thema *„Gewalt gegen Frauen"* aus einer neuen, bisher weitgehend ignorierten Perspektive: Im Mittelpunkt ihrer Überlegungen steht das Leiden der Kinder unter einer gewalttätigen Dynamik innerhalb der Familie, ihre seelischen und auch körperlichen Traumatisierungen durch Gewalt gegen ihre Mütter. Strasser führte die aussagekräftige Studie „Kinder legen Zeugnis ab" durch, die das traumatische Erleben von Kindern als Zeugen*innen physischer, psychischer und sexualisierter Gewalt gegen ihre Mutter sehr praxisnah darstellt.

„Die Schläge, die meine Mama von meinem Papa bekam, spürte ich in meinem Bauch als ein Hin- und Herzerren." (Amela, 12 J.).

Kinder, die häusliche Grausamkeiten erfahren, werden von den Gefühlen der Angst und Hilflosigkeit überschwemmt, die die Betroffenen körperlich als Lähmungszustand empfinden. Sie erleiden damit einen Ich-Verlust, der sich in einem Gefühl der Selbstentfremdung äußert. Die erlebte traumatisierende Gewalt erschüttert das Empfinden des Kindes, ein konstantes Selbst zu haben. Zudem empfinden die Kindern, die Erniedrigungen ihrer Mutter ebenso als seelischen Schmerz, wie die Misshandlung selbst. Kinder spüren die Misshandlung der Mutter am eigenen Körper, auch wenn sie die häusliche Gewalt als Zeugen*innen erleben. Die unschuldigen Kinderseelen werden in einer gewalttätigen Familiendynamik nicht in ihren Bedürfnissen wahrgenommen, denn sie werden bewusst und unbewusst die erwachsene, schützende und sorgende Roll einnehmen, was zur Parentifizierung führt. In zahlreichen Familienfällen haben insbesondere Mädchen einen Großteil ihrer eigenen Kindheit/Jugend ihren geliebten Müttern geopfert, um sie zu beschützen, oder um den Schutz und die Versorgung ihrer jüngeren Geschwister zu übernehmen. Strasser spricht an dieser Stelle von *„seelischer Verwaisung"*. Doch so sehr sich betroffene Kinder für den Schutz der Kindesmutter opfern, werden sie niemals die Macht zur Verfügung haben, um die Gewalt des Kindesvaters zu beenden. Hinzu kommen die schweren Loyalitätskonflikte. Ihre

Emotionen sind zwischen Liebe und Hass hin- und hergerissen, ein Zustand, den die meisten Kindern kaum ertragen können, wenn es zum Zerbrechen der Familie kommt (vgl. Strasser, 2013). Ich erlebte zahlreiche Situationen, in denen sich Kinder mit aller Kraft gegen die Trennung ihrer Eltern sträubten, bzw. gegen die Trennung des gewalttätigen Elternteils, obwohl die Kinder selbst schwere Misshandlungen erlebt haben und ständig der Gewalt gegen die geliebte Mutter als Zeugen*innen ausgeliefert waren. Jungen suchen stets einen Vater, der ihnen Schutz und Orientierung gibt, doch in der Realität existiert dieser Vater nicht, denn der reale, dringend benötigte und geliebte Vater ist fern und grausam. Diese Enttäuschungen durch den Vater hinterlassen eine gravierende Leerstelle in der männlichen Identität der Jungen, die gefüllt wird mit verzerrten Fantasien der Unverwundbarkeit. Als Leitbild treten Boxer, Filmhelden u. a. an die Stelle des Kindesvaters, um die schmerzhaften Empfindungen abzuwehren.

„Wenn er vor 18:00 Uhr nicht zu Hause war, wusste ich, dass er noch in die Kneipe geht und betrunken nach Hause kommt. Aus Angst habe ich mich zu meinem Sohn ins Bett gelegt. Er stieg dann ins Bett und rammte seinen Penis in meine Scheide. Ich wehrte mich, weil ich nicht wollte, dass der Kleine alles mitbekommt. Aber er war stärker." (Elisabeth 40 J.).

Strasser (2013) beschreibt, dass besonders intensive Gefühle der Ohnmacht bei den Kindern entstehen, wenn sie sexualisierte Gewalt gegen die geliebte Kindesmutter erleben. Sexualisierte Gewalt in der Partnerschaft gegen Frauen basiert auf der Missachtung des Selbstbestimmungsrechtes von Frauen über ihren Körper, ihre Sexualität und beinhaltet alle Versuche, sexuelle Handlungen in Bezug auf Gewalt, Zwang und Drohung auszuführen und dies partout auch zu erreichen. Dazu gehören auch sexistische Beschimpfungen und Erniedrigungen. Ausgehend von der Studie von Strasser ist die Wahrscheinlichkeit sehr hoch, dass Misshandlung und Sexualität eng miteinander verbunden sind.

Meistens werden die Kinder in die sexualisierte Partnerschaftsgewalt einbezogen, z. B. beschweren sich die Väter bei den Kindern, dass die Mutter nicht mit ihnen schlafe, erzählen, dass die Mutter mit anderen Männern schlafe, beschimpfen die geliebte Mutter als Hure oder bedrohen die Mutter, die Kinder umzubringen, wenn sie jetzt nicht mit ihm schlafe, – und dies alles vor den Kindern. Einige Männer vergewaltigen die Frauen sogar in der Gegenwart ihrer Kinder, wiederum andere Kinder hören die grausame Vergewaltigung aus einem anderen Zimmer mit.

Die starke Verdichtung von Gewalt und Intimität, das Tabuisieren der elterlichen Sexualität, die aufkommenden Gefühle von Scham, Schmerz und Verwirrung, das gesamte Erleben der sexuellen Gewalt, das Schweigen der Kindesmutter aufgrund von Scham- und Schuldgefühlen machen das Sprechen über die mütterliche Vergewaltigung für die Kinderseelen unmöglich, als wäre es mit einer dichten Mauer des Schweigens umgeben. Je vehementer die Sprachlosigkeit bei den Kindern ist, desto weniger gelingt es den betroffenen Kindern, ihre eigenen Gefühle wahrzunehmen.

„Das Schweigen verhindert jede Möglichkeit der seelischen Verarbeitung."

Erst durch das Aufdecken und Beenden der Gewalt, durch das Bereitstellen eines sicheren Ortes und neuer Vertrauensbeziehungen können Kinderseelen beginnen, ihre Gewalterfahrungen zu verarbeiten. Die traumatischen Erlebnisse sitzen tief. Für die Gewalt, die Kinder erleben, hören oder mit eigenen Augen sehen, muss eine Sprache gefunden werden, die diese Gewalttaten benennen kann, um der Ohnmacht, der Angst eine Namen zu geben, damit das Geschehene eingeordnet werden kann. Es muss gelernt werden, diese Gefühle zu verstehen, ihre Ursachen zu erkennen, und im nächsten Schritt zu versuchen, sie zu kontrollieren, um nicht von ihnen überwältigt zu werden. Je schneller eine unterstützende Intervention nach Gewalterfahrungen installiert wird und mit den betroffenen Kindern über die erlebte Grausamkeit gesprochen wird, desto eher besteht die Chance, dass die Kinderseele ihre traumatischen Erlebnisse, mit dem Blick auf ihre ganz persönlichen Ressourcen, bewältigen kann.

7

Polizeiliches Handeln in Fällen häuslicher Gewalt mit Bezug auf das Gewaltschutzgesetz (GewSchG)

„,,Das soll das Abendessen sein?', fragt er verächtlich, bevor er den Teller mit dem Unterarm vom Tisch fegt. Es scheppert laut. Was dann folgt, wird sie nicht mehr vergessen. Es ist die erste Ohrfeige ihres Lebens ... " (Nathalie Sabas).

Ich erinnere mich noch sehr gut an das Gespräch mit meiner damaligen besten Freundin Anna, die im Jahr 2001 10 Jahre alt war. Mit kullernden Tränen über die Wangen erzählte sie mir am „Kastanienbaum", dass gestern Nacht die Polizei gekommen war, weil ihr Vater im alkoholisierten Zustand ihre Mutter verprügelt hat. Schluchzend schilderte sie, wie viel Angst sie hätte nach Hause zu kommen und ob sie nicht bei mir wohnen könnte. Ich hatte meinen Eltern von Annas Ängsten berichtet, die bereits von dem Polizeieinsatz in der Nachbarschaft erfahren hatten. Von diesem Zeitpunkt an standen sie Annas Mutter intensiv zur Seite und versuchten, Lösungswege zu finden. Nach dem ersten Polizeieinsatz in der Familie folgten weitere Einsätze. Anna erzählte mir, dass sie mitangesehen hat, wie die Polizei mit Taschenlampen im Garten nach ihrem Vater suchte. Nachdem die Polizei wegfuhr, weil sie ihn nicht gefunden hatte, erschien er im Wohnzimmer und lachte über sich selbst, weil er sich in der Regentonne versteckt hatte. Es vergingen kaum 7 Tage, da erzählte Anna mir an unserem Lieblingsplatz, dass nachts die Streitigkeiten zwischen ihren Eltern so laut waren, dass ihre Mutter abgepasst hatte, bis ihr Vater auf Toilette war, um dann gemeinsam mit ihr und ihrer kleinen Schwester zu fliehen. Die damals 10-Jährige offenbarte mir, dass sie mit schlotternden Knien im Auto saß und ihre Mutter mit zittrigen Händen versuchte, das Auto zu starten. Plötzlich stand ihr Vater vor dem Pkw und versuchte, sie vom Fahren abzuhalten. Er schlug und trat auf das Auto ein. Anna beschrieb mir die zornigen Augen ihres Vaters, – plötzlich sei er ihr so fremd gewesen, wobei sie doch noch gestern eine tolle Waldwanderung hatten. Ihre Mutter hatte vor Panik mehr-

© Der/die Autor(en), exklusiv lizenziert an Springer Fachmedien Wiesbaden Gmbh, ein Teil von Springer Nature 2024
N. Sabas, *Häusliche Gewalt*, https://doi.org/10.1007/978-3-658-44151-7_7

fach das Auto abgewürgt. Ich erinnere mich heute noch, dass Anna mehrere Tage bei der Freundin ihrer Mutter übernachtet hatte. Als ich sie wiedersah, bekundete mir meine Freundin, dass jetzt sicherlich alles gut sei, denn der Papa habe der Mama einen großen Blumenstrauß gebracht.

Das was Anna in ihren jungen Jahren erleben musste, fand Jahre vor der Bekanntgabe der Rechtsprechung statt. Noch vor einigen Jahren wurde der Schutz der Privatsphäre vor den Schutz der Gewaltbetroffenen gestellt. Mit dem Gewaltschutzgesetz (GewSchG) wurden im Jahr 2002 zentrale rechtliche Vorschriften zur Bekämpfung von Gewalt im Allgemeinen und häuslicher Gewalt im Besonderen geschaffen. Insbesondere der Grundsatz „Wer schlägt, muss gehen – das Opfer bleibt in der Wohnung" ist im Gewaltschutzgesetz streng verankert. Betroffenen wird nicht länger zugemutet, selbst für ihren Schutz sorgen und dabei auch den Verlust der vertrauten Wohnung und Umgebung in Kauf nehmen zu müssen. „Familienstreitigkeiten, Ruhestörung etc." sind einige der verharmlosten Polizeieinsätze, die im Bereich häuslicher Gewalt standen. Zunächst sah sich die Polizei in der Rolle des Streitschlichters. Damit wurde langfristig die Gewalt in der Familie allerdings nicht abgewehrt.

Die Polizei litt vermehrt unter Hilflosigkeit und Resignation, da sie häufig in kurzen Abständen erfahren mussten, wiederholt bei den gleichen Familien wie z. B. bei Anna, mit zunehmender Gewalt konfrontiert wurden, – und die Kinder waren oftmals bei den Einsätzen der Polizei anwesend. Gewaltbetroffene Frauen schafften es häufig nicht, sich zeitnah und das nachhaltig aus der wachsenden Gewaltbeziehung zu befreien. Die Polizeibeamten*innen hatten über einen langen Zeitraum kein rechtliches „Handwerkszeug", diesen Frauen und ihren Kindern einen Schutzraum vor dem gewalttätigen Partner zu schaffen. Heute kann ich mir gut vorstellen, wie die durchwachsenen Gefühle der Polizisten*innen gewesen sein mussten, als Annas Mutter die Polizei gerufen hat und der Ehemann „nur ermahnt" wurde. Vor der Gesetzesänderung waren die Polizeieinsätze betreffend häuslicher Gewalt äußerst milde: Wenn der Täter bei Eintreffen der Polizei nicht randalierte oder sonst keine Gefährdung von ihm ausging und sich die gewaltbetroffenen Frau mit dem Täter „einigte", musste die Polizei, ohne sichtbar eingeschritten zu sein, den *Tatort* wieder verlassen. Diese Vorgehensweise ist heute unvorstellbar und doch habe ich dies noch im Fall „Anna" erlebt.

Jedem*jeder Polizeibeamten*in wird in seiner*ihrer verantwortungsbewussten Schutztätigkeit ans Herz gelegt, seine*ihre ganz persönliche Eigensicherung zu beachten, denn in Polizeieinsätzen im Kontext häuslicher Gewalt ist mit erheblicher Eigengefährdung zu rechnen. Fälle häuslicher Gewalt beinhalten regelmäßig Gewalthandlungen gegen Personen und/oder Sachen. Zudem wird davon ausgegangen, dass der gewaltbereite Elternteil sich möglicherweise in einer psychischen Ausnahmesituation befindet und sich in seinen eigenen vier Wänden sicher fühlt.

Darüber hinaus wird den örtlichen Polizeibeamten*innen strengstens empfohlen, an die Mitnahme von Strafanträgen, Fragebogen, Telefonnummern, Durchsuchungsprotokollen und entsprechendes Informationsmaterial zum Thema häuslicher Gewalt zu denken. Polizeibeamten*innen, die in einen Einsatz fahren, müssen sich vorab über die Aufgabenverteilung vor Ort, in der konfliktbehafteten Familiensituation, absprechen. Eine Einigung über die Übernahme der Gesprächsführung und die Funktion der Beobachtung und helfenden Hand am Tatort ist unabdingbar.

In Fällen häuslicher Gewalt ist es zum Schutz der misshandelten Frau und ihrer Kinder in der Regel notwendig, die Wohnung zu betreten. Die Rechtsgrundlage, gem. § 36 ASOG zur Gefahrenabwehr und §§ 102/103 StPO zur Strafverfolgung, gibt den Polizeibeamten*innen die rechtmäßige Möglichkeit, die notwendigen Maßnahmen zu ergreifen. Des Weiteren kann es, als Folge langjähriger häuslicher Gewalt, in einzelnen Fällen auch zu scheinbaren Solidarisierungen der geschädigten Frau mit dem Mann/Täter bis zum Abstreiten der vorgefallenen Straftaten kommen. Diese Solidarisierungen weisen auf Überlebensstrategien der Frauen hin, die dem sog. Stockholm-Syndrom vergleichbar sind. Folgende Bedingungen können vorliegen:

• Das Leben des Opfers ist bedroht.
• Das Opfer kann nicht entkommen oder glaubt, nicht entkommen zu können.
• Das Opfer wird von anderen Menschen isoliert.
• Das Opfer erhält gelegentliche Zuwendung vom Täter.

Bei Erscheinen der Polizei wird die Frau aufgrund der Bedrohungssituation unter Umständen signalisieren, dass sie keine Ermittlungen wünscht, auch wenn sie die Polizei selbst gerufen hat. Dieses Verhalten der geschädigten Frau entspricht ggf. nicht den Erwartungen der Polizeibeamten*innen. Vor allen Dingen unerfahrene Polizeibeamten*innen sollten sich dringend an erfahrene Kollegen*innen wenden, denn es ist äußerst wichtig, durch konkretes Nachfragen den tatsächlichen Sachverhalt festzustellen, um die geschädigte Frau und ihre Kinder vor weiteren Grausamkeiten zu schützen. Nicht selten kommt es vor, dass nach Verlassen der Wohnung die Kindesmutter und ihre Kinder weiterer Gewalt ausgesetzt sind, – als Strafe, dass die Frau die Polizei gerufen hat.

Polizeibeamten*innen müssen sehr wachsam in der Gesprächsführung mit Opfer und Täter sein:

Gibt es z. B. Widersprüche zwischen den Äußerungen der geschädigten Frau, ihrer Körpersprache und sichtbaren Verletzungen und Spuren von gewalttätigen Auseinandersetzungen in der Wohnung? Es ist zwingend notwendig, in behutsamem Kontakt mit der Kindesmutter zu bleiben. Polizeibeamten*innen wird ans Herz gelegt, an die sich in der Wohnung befindenden Kinder zu denken, die ebenfalls Opfer von Straftaten geworden sein könnten. Unter Umständen lässt sich eine räumlich getrennte Befragung zur akuten Situation durchführen. Dies ist zwingend erforderlich, denn geschädigte Frauen, denen Grausames widerfahren ist, können das Schweigen in der Gegenwart des Misshandlers nur schwer brechen. Um eine sachbezogene Aussage zu erreichen, muss ausgeschlossen werden, dass der Gewalttätige durch Blicke, Gesten und/oder Äußerungen auf die verunsicherte Kindesmutter einwirken kann. Bereits ein Aufschnaufen oder Räuspern des Täters kann zum Verstummen des Opfers führen. Insbesondere Kinder sind grundsätzlich eingeschüchtert, wenn die Polizei den eigentlichen Schutzraum betritt, somit ist es zwingend erforderlich, Einwirkungen des Täters auf die Geschädigten auszuschließen. Des Weiteren sind Befragungen im Hausflur oder im polizeilichen Funkwagen zu vermeiden, denn Schamgefühle, z. B. vor der Nachbarschaft, werden sich bei der betroffenen Frau und ihren Kinder ausbreiten.

Sofern die Möglichkeit besteht, wäre es von Vorteil, wenn die geschädigte Kindesmutter mit einer Polizistin sprechen könnte, denn diese Herangehensweise ist für die betroffene Frau grundsätzlich weniger belastend, evtl. auch intime Angaben zu machen. Jede Form des Umgangs mit der betroffenen Person Kindesmutter, als auch ihren geliebten Kindern, erfordert ein enorm einfühlsames und verständnisvolles Auftreten. Hilfestellungen beim Betreten der hoch emotionalen Situation können z. B. sein:

- Stellen Sie sich vor und händigen Sie evtl. Ihre Visitenkarte aus.
- Erklären Sie der Frau, was Ihre Aufgabe vor Ort ist.
- Sagen Sie der Frau, dass Sie verstehen, dass ihre derzeitige Situation nicht einfach ist, gerade wenn Sie von früheren Gewalttaten wissen.
- Nehmen Sie Rücksicht auf die Verfassung der Frau.
- Verhalten Sie sich neutral gegenüber allen Beteiligten, lösen Sie sich von Klischees.
- Ihre ganz persönliche, fachliche, wertschätzende, unbefangene und selbstsichere Haltung ist gefragt!

Sollte sich die geschädigte Frau für eine Anzeige entscheiden, ist eine gründliche Beweissicherung am Tatort für das spätere Strafverfahren sehr bedeutsam. Sollte es zu körperlichen Gewalthandlungen gegenüber der Frau und/oder den Kindern gekommen sein, ist es äußerst wichtig, dass die geschädigten Personen einen Arzt aufsuchen und sich ein Attest für sich und ihre Kinder ausstellen lassen, auch dann, wenn keine Verletzungen am Tatort sichtbar scheinen. Denn nicht jede Verletzung ist (sofort) äußerlich sichtbar. Zudem ist zu erklären, wozu eine Schweigepflichtsentbindung und ein Strafantrag benötigt werden. Des Weiteren müssen die örtlichen Polizeibeamten*innen auf die Rechte der Schutzbedürftigen hinweisen, und ggf. beide wichtige Unterlagen vor Ort unterschreiben.

Um Fehlverhalten zu vermeiden, auch multiprofessionell (Jugendamt, Gerichtsmedizin etc.), ist eine ausführliche Dokumentation von Nöten. Offensichtliche Verletzungen der geschädigten Frau und der Kinder sollten bzw. müssen fotografiert werden. Polizeibeamten*innen sollten eine klare Haltung einnehmen, auch wenn die geschädigte Frau dies ggf. ablehnt. Auch durch die Straftat verursachte Sachbeschädigungen sind zu protokollieren: Wie ist der Zustand der Wohnung und das Verhalten der Beteiligten (auch Kinder)? Sind die Anwesenden alkoholisiert oder besteht der Verdacht auf Rauschgiftmissbrauch (Blutentnahme bzw. Urinprobe veranlassen)? Des Weiteren werden seitens der Polizei Beweismittel bzw. Tatgegenstände sichergestellt. Sollte die betroffene Frau mit ihren Kindern trotz der *akuten und sich nicht zu beruhigenden Gewaltsituation* die Wohnung vehement nicht verlassen wollen, werden die Polizeibeamten*innen umgehend das Jugendamt kontaktieren, die im Rahmen des § 8a SGB VIII sofort tätig werden. Je nach Einschätzung des Jugendamtes vor Ort, weise ich aufgrund meiner jahrelangen Erfahrung bzgl. der Einsätze im Rahmen von §8a SGB VIII ausdrücklich daraufhin, dass die Einsatzfachkräfte (Polizei, Jugendamt) noch einige Minuten in der Nähe und unbemerkt am Tatort bleiben. Denn die Gewaltdynamik kann sofort wieder umschwenken und entsprechende Interventionen können dann sofort ergriffen werden.

7.1 Opferschutz nach dem Gewaltschutzgesetz

Wenn Frauen und ihre Kinder Opfer einer Straftat werden, trägt der Staat dazu bei, dass die von Gewalt betroffenen Personen in dieser Situation niemals alleine gelassen werden. Im Strafverfahren sollen die geschädigten Personen ihre Rechte und Ansprüche wahrnehmen können. Des Weiteren stehen den Opfern häuslicher Gewalt auch außerhalb des Verfahrens zahlreiche Hilfsmöglichkeiten zur Verfügung, auf die in Kap. 11 näher eingehen wird.

Für den polizeilichen Opferschutz werden speziell geschulte Polizeibeamten*innen eingesetzt. Ziel ist es, den schwerwiegenden Belastungen der Opfer nach einer Straftat innerhalb und außerhalb des Strafverfahrens gerecht zu werden, die vertrauensvolle Zusammenarbeit zu fördern und zügig passgenaue Hilfsangebote zu vermitteln, denn Opferschutz und Opferhilfe sind feste Bestandteile der polizeilichen Vorgehensweise im Kontext häuslicher Gewalt. Der polizeiliche Umgang mit Kriminalitäts- und Unfallopfern basiert auf drei Grundsätzen:

• Berücksichtigung der belastenden Ausnahmesituation, in der sich Opfer von Kriminalität befinden.
• Aufklärung über Opferrechte und die Vorgehensweise eines ggf. folgenden einleitenden Verfahrens.
• Vermittlung von adäquaten Hilfsangeboten.

Die Kernaufgabe der im Opferschutz tätigen Polizeibeamten*innen besteht darin, auf regionaler Ebene ein multiprofessionelles Netzwerk mit helfenden Institutionen zu initiieren und zu unterstützen. Hierzu zählen z. B. Frauenhäuser, Frauenberatungsstellen, „Weißer Ring e.V." etc.

Des Weiteren besteht die Notwendigkeit der Fachkräfte (Polizei, Jugendamt, Beratungsstellen), sich intensiv mit dem sog. Adhäsionsverfahren auseinanderzusetzen. Denn dieses besondere Verfahren dient der Geltendmachung von vermögensrechtlichen Ansprüchen im Strafprozess (z. B. Schmerzensgeld). Als Opfer einer Straftat hat man gegen den Täter zumeist Schmerzensgeld- und andere Entschädigungsansprüche. Es ist möglich, diese Ansprüche im Rahmen des Strafprozesses gegen den Täter geltend zu machen. Der Verfahrensablauf und die Voraussetzungen des Adhäsionsverfahrens sind in § 404 StPO klar geregelt.

Um ein Adhäsionsverfahren einzuleiten, muss zunächst ein Strafverfahren gegen den Beschuldigten anhängig sein. Im Rahmen des Strafverfahrens hat der Verletzte (Adhäsionskläger) einen Adhäsionsantrag zu stellen. Diesen Antrag kann die geschädigte Frau bereits vor der Hauptverhandlung stellen oder aber erst in der Hauptverhandlung. Den Antrag kann die betroffene Frau alleine oder aber mit Hilfe eines fachspezifischen Rechtsanwalts stellen. Sollte sich die geschädigte Frau im Frauenhaus befinden, auch mit Unterstützung der Sozialarbeiterin vor Ort. In dem Antrag sind Gegenstand und Grund anzugeben sowie auch Beweismittel, die in Betracht kommen (vgl. § 404 Abs. 1 StPO). Die geschädigte Frau hat immer das Recht, wie in einem gewöhnlichen Zivilverfahren auch, *Prozesskostenhilfe* zu beantragen, um keine zusätzliche wirtschaftliche Belastung aufgrund vor evtl. Unwissenheit zu erfahren (§ 404 Abs. 5 StPO).

Wenn Sie sich vorstellen, dass über einen langen Zeitraum hinweg die Situation der Opfer gesellschaftlich wenig Beachtung fand und auch ein professioneller und fürsorglicher polizeilicher Umgang nicht die Regel war, wird sehr deutlich, dass die geschädigten Frauen und ihre Kinder häufig lediglich wichtige Zeugen oder Spurenträger waren. Glücklicherweise gab es in den letzten Jahrzehnten erhebliche und erfolgreiche Anstrengungen für eine bessere Stellung der Geschädigten innerhalb und außerhalb eines Strafverfahrens. Besonders das dritte Opferrechtsreformgesetz führte ab 2012 zu deutlichen Veränderungen. Dazu zählen die Erweiterung der Nebenklage, die Einführung der psychosozialen Prozessbegleitung oder der Anspruch auf Verständigung und Übersetzung bei Anzeigenerstattung und Vernehmung (vgl. Fastie, 2017).

Ein entscheidender Wendepunkt für eine stabile Verbesserung von Opferschutz/Opferhilfe war die Gründung der Opferschutzorganisation „Weisser Ring" im Jahr 1976. Im Rahmen der geschlossenen Kooperationsverträge arbeiten in Netzwerken der Opferhilfe Vertreter*innen der Landschaftsverbände, Traumazentren, Justiz,

Beratungsstellen, psychosozialen Prozessbegleitung und sozialen (staatlichen) Dienste auf örtlicher und regionaler Ebene eng mit der Polizei zusammen. Wie Sie erkennen können, ist ein multiprofessionelles Netzwerk im Rahmen des Kinderschutzes unabdingbar. Zur Vermittlung passender Hilfsangebote bedient sich die Polizei als auch das Jugendamt seit diesem Meilenstein einer Opferhilfedatenbank. Darin werden alle Hilfseinrichtungen recherchierbar eingepflegt und ständig aktualisiert.

In allen grausamen Fällen häuslicher Gewalt greift *das Opferentschädigungsgesetz*, denn Opfer haben ein Recht auf staatliche Entschädigung. Wenn Menschen, die auf dem Hoheitsgebiet der Bundesrepublik Deutschland infolge eines vorsätzlichen, rechtswidrigen, tätlichen Angriffs oder durch dessen Abwehr eine gesundheitliche Schädigung erlitten haben, können sie oder ihre Hinterbliebenen unter bestimmten Voraussetzungen einen Anspruch auf Entschädigung haben. Bei Gewalttaten wird für alle daraus resultierenden, physischen und psychischen gesundheitlichen Beeinträchtigungen eine Entschädigung erbracht. Des Weiteren kann ebenfalls mit Leistungen für die wirtschaftlichen Folgen dieser Gesundheitsschädigung gerechnet werden. Der Entschädigungsantrag kann entweder formlos oder mit Formularen der Landesversorgungsbehörden oder mithilfe des bundeseinheitlichen Antragsformulars bei der Versorgungsbehörde des Bundeslandes gestellt werden (vgl. Bundesministerium für Arbeit und Soziales, 2021).

7.2 Wohnungsverweisung und Rückkehrverbot

„Wer schlägt, muss gehen; das Opfer bleibt in der Wohnung."
(Nathalie Sabas)

Da die Fälle von häuslicher Gewalt sich erheblich vervielfacht haben und betroffene Kinder dadurch enorme Folgen erlitten, geriet die Thematik Gewalt in Partnerschaften verstärkt in den Blickpunkt der Gesellschaft und der Politik. Das am 1. Januar 2002 in Kraft getretene *„Gesetz zur Verbesserung des zivilrechtlichen Schutzes bei Gewalttaten und Nachstellungen sowie zur Erleichterung der Überlassung der gemeinsamen Wohnung bei Trennung"* ist ein gewichtiges Ergebnis dieser gesellschaftlichen und rechtlichen Entwicklung. Zudem wurden neue und erweiternde gefahrenabwehrende Eingriffsbefugnisse für die Polizisten*innen in den Bundesländern verfestigt.

Wenn wir uns das Bundesland Nordrhein-Westfalen ansehen, ist die Rechtsgrundlage des § 34 a PolG NW klar definiert, die es der Polizei ermöglicht, die gewalttätige Person ohne richterliche Verfügung für die Dauer, zunächst von 10

Tagen, aus der gemeinsamen Wohnung zu verweisen. Für diese Zeit ist die Rückkehr der gewalttätigen Person strengstens untersagt. Ein ausgesprochenes Rückkehrverbot wird heute durch die örtliche Polizei mindestens einmal in diesen 10 Tagen der untersagten Rückkehr kontrolliert. Dabei wird die geschädigte Frau als auch die Kinder nach ihrem Wohlbefinden und weiteren veranlassten Schritten nachgesehen, in Zusammenarbeit mit dem Jugendamt, das beim Veranlassen des 10-tägigen Rückkehrverbotes durch die Polizei, gem. § 8a SGB VIII, umgehend benachrichtigt wurde.

Verstöße gegen den Wohnungsverweis werden bspw. mit der Erhebung eines vorher angedrohten Zwangsgeldes geahndet und nicht toleriert. Des Weiteren muss jede Frau, die häusliche Gewalt erlebt hat, innerhalb dieser 10 Tage dafür sensibilisiert werden, dass die häusliche, gewaltbereite, familiäre Situation sich nicht von „allein erledigen" wird. Während des 10-tätigen Rückkehrverbotes wird sich der gewalttätige Partner nicht um hundertachtzig Grad drehen und seine Aggressivität unter Kontrolle haben. Aus meiner Sicht ist es enorm wichtig, betroffene Frauen darauf hinzuweisen bzw. zu begleiten, den zivilrechtlichen Schutz des 10-tägigen Rückkehrverbotes zu verlängern. Diese Schritte sind vor allen Dingen maßgeblich, um dem Jugendamt zu beweisen, dass die Kindesmutter im Sinne des Kindeswohl handelt und damit ihre Kinder schützen kann. Dies betone ich vehement, denn das Jugendamt wird von allen Seiten die betroffene Frau, aber auch den gewalttätigen Kindesvater befragen, wie ihre weiteren Schritte aussehen, um ihre Kinder zu schützen. An dieser Stelle wünsche ich mir von meinen Kollegen*innen von vornherein äußerste Transparenz bzgl. des § 42 SGB VIII (Inobhutnahme), denn in zahlreichen Familienfällen schien dieser akute Eingriff sehr überraschend.

Beantragt die von Gewalt betroffene Frau innerhalb des zunächst festgesetzten Rückkehrverbotes den zivilrechtlichen Schutz nach dem Gewaltschutzgesetz, verlängert sich die Dauer der Wohnungsverweisung bzw. des Rückkehrverbotes um weitere 10 Tage – ab Antragstellung. Dies soll dem Gericht (Zivilgericht) eine ausreichende Zeitspanne für eine Entscheidung über den Antrag einräumen, in der die Betroffenen weiterhin polizeilich geschützt sind. Wenn das Gericht eine Entscheidung bzw. eine Anordnung vornimmt (bspw. Übertragung der Wohnung auf das Opfer, Annäherungsverbot u. a.), endet automatisch die polizeirechtliche Maßnahme der Wohnungsverweisung und des Rückkehrverbotes. In dem Gesetz zur Verbesserung des zivilgerichtlichen Schutzes bei Gewalttaten und Nachstellungen sowie zur Erleichterung der Überlassung der Ehewohnung bei Trennung ist der Grundsatz verankert, dass die Person, die Gewalt ausübt, die Wohnung verlassen muss, unter Berücksichtigung der Verhältnismäßigkeit und des Kontinuitätsprinzips betreffend der Kinder.

7.3   Strafanzeige

Primäres Ziel beim polizeilichen Einschreiten betreffend *häusliche Gewalt* ist der Schutz gewaltbetroffener Frauen und ihrer Kinder durch eine gezielte Gefahrenabwehr. Hier ist auch immer der Blick auf eine umfassende Strafverfolgung mit Beweissicherung aller im Beziehungskontext begangenen Straftaten (Hämatome, Knochenbrüche, Sachbeschädigung etc.) zu richten. Vor diesem Hintergrund ist ein Strafantrag durch die Beantragung der gewaltbetroffenen Frau nicht unbedingt Voraussetzung für ein polizeiliches Tätigwerden. Es ist zu betonen, dass bei der Durchsetzung der polizeilichen Maßnahmen im Kontext der Gewaltabwehr und Strafverfolgung der Wille der gewaltbetroffenen Kindesmutter unerheblich ist. Dies hat folgenden Hintergrund: Gewaltbetroffene Frauen dürfen sich zunächst hinter den durch die Polizei getroffenen Maßnahmen „verstecken" und „Luft holen" von all den Grausamkeiten, die sie und ihre Kinder erlebten. Hier wird ein ganz klares Signal an den Täter gegeben, dass er die Strafanzeige und das Rückkehrverbot nicht abwenden kann, indem er weiterhin Druck auf die Frau oder seine Kinder ausübt und eine vordergründige Versöhnung erzwingt, um seine Bleibe sicherzustellen.

7.4   Kooperation mit dem Wächteramt

„Mama hat nie geschafft, sich vor Papas Schlägen zu schützen. Mamas Gesicht war voller Blut. Als ich so Angst hatte, dass er Mama tötet, bin ich auf die Straße gelaufen. Die Frau hat sofort die Polizei gerufen." (Stefania, 10 J.).

Die Polizei ist sehr häufig als erste staatliche Instanz in der von Gewalt betroffenen Familie anwesend. Gewalt in Familien, dort wo Kinder leben, hat immer konkrete Auswirkungen und die Abwicklung polizeilicher Einsätze bei häuslicher Gewalt hat einige Konsequenzen. Viele Mütter glauben, dass die Kinder, solange diese nicht selber vom Partner geschlagen werden oder die ausgeübte Gewalt mitbekommen, nicht beeinträchtigt sind. Wissenschaftliche Erhebungen neuerer Zeit haben ergeben, dass auch Kinder, die mittelbar von häuslicher Gewalt betroffen sind, immer entwicklungsschädigende Verhaltensweisen zeigen (Kavemann, 2000). Somit kann die Polizei eine Kindeswohlgefährdung nach dem Sozialgesetzbuch, gem. § 8a SGB VIII, nicht ausschließen.

Die Polizei ist verpflichtet, das zuständige Jugendamt umgehend über den Polizeieinsatz zu informieren. Dies kann in schriftlicher oder telefonischer Form erfolgen oder durch Hinzuziehung des Jugendamtes in einer akuten Kindeswohlgefährdung, um den Schutz der Schutzbefohlenen sicherzustellen. Ein Polizeibericht wird immer an das Jugendamt weitergeleitet. Das Kind muss zu diesem Zeitpunkt nicht bereits

körperlich, seelisch oder geistig geschädigt sein, sondern wird/wurde durch ein schä-
digendes Ereignis, eine unmittelbare Gefahr für sein körperliches, geistiges und seelisches Wohl, bedroht. Des Weiteren habe ich in meinen Amtsjahren erlebt, dass nach
Absprache mit der Polizei auch die Möglichkeit besteht, dass z. B. die betroffene
Frau mit ihren Kindern von der Polizei in ein Frauenhaus gebracht wird, oder je nach
Einschätzung des Jugendamtes, die Kinder vorerst gem. § 42 SGB VIII gemeinsam
mit der Polizei eine Inobhutnahmestelle aufsuchen. Dies ist nur möglich, wenn das
Jugendamt mit der Polizei eine enge, wertschätzende Kooperation pflegt und an einer
gemeinsamen, offenen und professionellen Haltung interessiert ist.

Die polizeiliche Maßnahme der Informationsweitergabe an das örtliche Jugendamt wird mit der Kindesmutter transparent gehalten. Der Fokus liegt hierin, dass
der Kindesmutter durch den erzeugten Druck deutlich gemacht wird, dass sie ihren
Blick dafür zu schärfen hat, in welcher Not sich ihre Kinder befinden, und damit in
die kindeswohldienliche Verantwortung zu kommen hat.

7.5   Schutz vor weiterer Gewalt

Diese Mythen halten sich beständig: „Sie hat ihn wahrscheinlich provoziert", „er
war im Stress, ihm ist eben mal die Hand ausgerutscht" „das ist doch Privatsache".
Furchtbare Denkmuster, die noch weitverbreitet sind. Gewalttätiges Verhalten wird
verharmlost und durch äußere Anlässe entschuldigt. Diese Anschauungen bilden
den Nährboden für die Überzeugungen der Täter, nach denen sie ein Recht auf
kontrollierendes und gewalttätiges Verhalten gegenüber ihren Partnerinnen haben.
Die meisten Opfer schweigen aus Scham und Angst oder einfach aus Unwissenheit
und Ratlosigkeit hinsichtlich ihrer Rechte oder sie werden von Tätern und/oder
Familienmitgliedern unter Druck gesetzt.

> „Für Gewalt gegen Frauen gibt es keine Entschuldigung. Männer, die ihren Partnerin-
> nen Gewalt antun, müssen dafür zur Verantwortung gezogen werden." (Natha-
> lie Sabas)

Polizeiliche Maßnahmen sind jeweils nur von vorübergehender Dauer. Wenn die
geschädigte Kindesmutter einen länger andauernden Schutz sucht, müssen zivilrecht-
liche Schutzanordnungen ins Spiel kommen. Hierfür kann sich die betroffene Frau an
das zuständige Amtsgericht wenden. Jedes Amtsgericht hat eine Beratungsabteilung,
die sehr einfühlsam und hochgradig unterstützend mit der Belastung der Kindesmutter umgeht. Des Weiteren besteht die Möglichkeit einer *einstweilige Anordnung
auf die Zuweisung der Wohnung*. Neben Platzverweis in Form des Wohnungsver-
weises kann die Polizei auch ein *Rückkehr- und Annäherungsverbot* erteilen.

Das Annäherungsverbot dient einem erweiterten gesellschaftlichen Schutzraum, sobald sich der gewalttätige Partner nähern sollte. So gilt die Rechtsprechung des Annäherungsverbotes nicht nur für die gemeinsam bewohnte Wohnung, sondern auch für den Arbeitsplatz des Opfers oder auch den Kindergarten/die Schule der Kinder, die in der gewalttätigen Beziehung leben. Zudem ist es der Polizei möglich, den Hausschlüssel zu beschlagnahmen, um so zu verhindern, dass der Täter ohne weiteres die Wohnung wieder betreten kann. Letztlich ist es auch möglich, die gewalttätige Person in Gewahrsam zu nehmen.

Ein Platzverweis kann nicht auf unbestimmte Dauer erteilt werden und somit erst recht nicht für immer. Zulässig ist ein Platzverweis in jedem Fall für mehrere Stunden und ist als vorübergehende polizeiliche Maßnahme zu sehen, jedoch ist keine allgemeine zeitliche Obergrenze vorgegeben. Die Polizeibeamten*innen orientieren sich an dem Prinzip der Verhältnismäßigkeit. Daher sollte der Platzverweis auf das Andauern der Gefahr beschränkt werden, wegen der der Platzverweis überhaupt erteilt wurde.

Soll die Anordnung für längere Zeit erteilt werden, kann ein Aufenthaltsverbot ausgesprochen werden. Durch ein Aufenthaltsverbot kann es der gewalttätigen Person untersagt werden, einen bestimmten Ort, ein bestimmtes Gebiet innerhalb einer Gemeinde oder eines Gemeindegebiets zu betreten oder sich dort aufzuhalten. Um ein Aufenthaltsverbot auszusprechen, müssen Tatsachen vorliegen, die die Annahme rechtfertigen, dass diese Person an dem jeweiligen Ort oder in dem betreffenden Gebiet Straftaten begehen wird oder zur Begehung von Straftaten beitragen wird. Das Aufenthaltsverbot soll also der Verhütung von Straftaten dienen. Zeitlich beschränkt ist das Aufenthaltsverbot auf 3 Monate. Wer gegen ein Aufenthaltsverbot verstößt, begeht eine Ordnungswidrigkeit und kann letztlich auch in Polizeigewahrsam genommen werden.

„Papa stand oft vor meiner Schule, weil er mich sehen wollte. Er rief laut über den gesamten Schulhof meinen Namen. Ich hatte so Angst, dass er mich klauen wollte. Immer wenn ich ihn sah, kamen mir Erinnerungen hoch, wie er Mama gewürgt hatte und sie nicht mehr atmen konnte. Ich dachte, er macht das auch mit mir." (Karl, 13 J.).

Präventions- und Interventionsmöglichkeiten des Wächteramtes bei (miterlebter) Gewalt gegen Kinder in der Familie

„Die Mitarbeiter*innen des Wächteramtes gehen einem hoheitlichen Gesetzesauftrag nach. Diese pflichtbewusste Verantwortung gilt aus meiner Sicht für jede Institution, die im Auftrag des Kinderschutzes (Kita, Schule etc.) tätig ist. Kinderschutz liegt gesamtgesellschaftlich gesehen in der Verantwortung von allen Bürgern*innen, die um gefährdete Kinder in ihrer Umgebung wissen. Die Sozialcourage, die persönliche eigene Haltung, muss vielmehr im Fokus der Gesellschaft und der Ausbildung im Kontext Kinderschutz stehen. Was wir dann erschaffen, ist ein hohes Maß an Präventions- und Interventionsarbeit."

(Nathalie Sabas)

Der Schutz von Kindern ist als zentraler Auftrag im Kinder- und Jugendhilfegesetz (SGB VIII) formuliert. Durch die Einfügung des § 8a KJHG, in Kraft getreten am 01.10.2005, wurde der Schutzauftrag der Kinder- und Jugendhilfe gestärkt. Wenn Kinder in ihren geliebten Familien verletzt oder massiv in ihrer Entwicklung beeinträchtigt werden, oder mit zunehmender Wahrscheinlichkeit eine Gefährdung droht, stehen Fachkräfte immer vor der hoheitlichen Aufgabe einzuschätzen, wie es zu diesen Verletzungen kommen konnte, ob und wie eine Wiederholung ausgeschlossen werden kann, welche Hilfen geeignet sind, und ob das Minderjährige sogar fremd untergebracht werden muss. Diese „Entscheidungswege" gehen nur im Kontakt und auf Augenhöhe mit den Sorgeberechtigten, – die Betonung liegt auf *Augenhöhe*, denn Mitarbeiter*innen des *Wächteramtes* zeigen bereits stillschweigend ihre professionelle Position des *Staatsauftrages*.

Alle Kinder liebe ihre Eltern und auch dann noch, wenn Eltern den *Systemschwächsten* Grauenvolles antun. Kinder wünschen sich keine anderen Eltern, sondern Eltern, die ihnen liebevoll zugewandt sind und ihre Bedürfnisse erkennen. Die im SGB VIII verankerten Hilfen zielen also darauf, belastete Familien zu unterstützen, damit die kleinen Seelen in ihrem eigentlichen Schutzraum unbeschadet aufwachsen können.

© Der/die Autor(en), exklusiv lizenziert an Springer Fachmedien Wiesbaden GmbH, ein Teil von Springer Nature 2024
N. Sabas, *Häusliche Gewalt*, https://doi.org/10.1007/978-3-658-44151-7_8

Die zuständigen Sozialarbeiter*innen sind in den akuten Einsätzen und Gesprächen mit den psychischen Belastungen von Kindern und Jugendlichen intensiv konfrontiert, ihre hochachtungsvolle Aufgabe birgt eine enorme Herausforderung, denn sie nehmen akut Anteil an dem, was Erwachsene den zarten Kinderseelen antun, und müssen häufig in kurzer Zeit die richtige Entscheidung im Sinne des Kindeswohls treffen. Hierfür bedarf es einen enormen Erfahrungswert des*der zuständigen Sozialarbeiters*in, um ein Versagen auf allen Ebenen zu vermeiden. Gleichzeitig gehört es aber auch zum Auftrag des *Wächteramtes*, die Interessen des gesamten Familiensystems zu berücksichtigen. Dieses Grunddilemma kann sich insbesondere in Fällen häuslicher Gewalt zuspitzen. Denn hier sind Kinder betroffen, die Gewalthandlungen zwischen den Eltern, überwiegend von Seiten des Vaters oder Lebenspartners gegenüber der Kindesmutter, miterleben.

Das Miterleben der Gewalt zwischen den Bindungs- bzw. Vertrauenspersonen ist in seinen Auswirkungen gleichbedeutend mit Grausamkeiten gegen das Kind selbst. Angesichts der tiefgreifenden Auswirkungen kindlicher Gewalterfahrungen müssen Kinder als eigenständige Opfer wahrgenommen werden. Betroffene Kinder brauchen Schutz und eine auf sie zugeschnittene Unterstützung, um die grausamen Erlebnisse zwischen ihren Eltern zu verarbeiten. Das Wächteramt hat zudem vorrangig das Ziel der Förderung bzw. Wiederherstellung elterlicher Erziehungsfähigkeit, um den Minderjährigen ihr häusliches Umfeld weitgehend zu erhalten, sodass das Wächteramt immer zunächst auf ambulante Interventionsmöglichkeiten zurückgreifen wird. Auch für gewalttätige Kindesväter hält das Wächteramt eine helfende Hand bereit, auch hier gibt es Möglichkeiten und Präventionen, um die Impulsivität unter Kontrolle zu bringen. Doch hier bedarf es den ersten Schritt zur Einsicht.

Häusliche Gewalt ist erschreckend weit verbreitet. Während sich die meisten Hilfsangebote an die Geschädigten richten, setzt sich nur langsam die Einsicht durch, dass es sinnvoll sein kann, auch den Tätern dabei zu helfen, ihr Verhalten zu ändern. In zahlreichen Jugendämtern ist diese präventive Vorgehensweise – als *„Stoppschild vor weiterer Gewalt"* – noch nicht im vollen Umfang durchgesickert. Nur wenn das gesamte Familiensystem aus dem Blickwinkel der Zartheit der Kindes gesehen wird, können wir alle ein „Stück näher rücken", um zielorientierte Präventions- und Interventionsmöglichkeiten passgenau einzuleiten, mit der persönlichen, professionellen und wertschätzenden Haltung auf Augenhöhe.

8.1   Die Bedeutung der Familie für die Entwicklung des Kindes

„Kinder werden in die Abhängigkeit von ihren Eltern hineingeboren; sie können in den ersten Lebensjahren nicht ohne die intensive Pflege und Erziehung durch Erwachsene überleben. Sie erlernen in der Familie Sprache, Ausdrucksweisen, Normen, grundlegende Fertigkeiten und soziale Kompetenzen, entwickeln Persönlichkeitsstrukturen, Charaktereigenschaften, Denkstile, Erlebensweisen, (Geschlechts-)Rollen, Werthaltungen und individuelle Verhaltensweisen. Die Kinder werden in ihre materielle, soziale und kulturelle Umwelt eingeführt und lernen, sich in ihr zu behaupten. So wird in der Familie der Grundstock für das weitere Leben des Individuums gelegt." (zit. n. Textor 1990a, S. 14)

Textor verdeutlicht mit seiner Aussage exakt, wie gewichtig die Bedeutung der Familie für die Entwicklung eines Kindes ist, wie immens das Kind vom Einfluss seiner Bezugspersonen abhängig ist und davon positiv wie auch negativ gelenkt wird. Jeder Elternteil, der die Struktur der Familie durch die eigene Persönlichkeit vorgibt und ausbildet und somit die Verantwortung für diese trägt, gibt nicht nur physiologisch seine Gene, sondern seinen Lebensentwurf an seine Kinder bewusst und unbewusst weiter. Das seelische Klima und die gelebten Glaubenssätze der Ursprungsfamilie bestimmen die psychische Grundkonstitution des Kindes und somit des späteren Erwachsenen. Unsere Ursprungsfamilie bestimmt die Voraussetzungen, die wir für das Leben mitbringen, unsere Lebenseinstellung und unser emotionales Erleben. Eine Gesamtstruktur, die sich auch in der Gesellschaft widerspiegelt. Die Familie bietet den Kindern den psychologischen, materiellen und emotionalen Rückhalt für ihre Entwicklung zu erwachsenen Menschen. Bricht diese Struktur im Fall von häuslicher Gewalt zusammen, haben diese Schutzbedürftigen keinen sicheren Hafen und Halt mehr (vgl. Wallerstein & Blakeslee, 1996, S. 35).

Für eine gesunde Entwicklung des Kindes sind emotionale und kommunikative als auch lösungsorientierte Beziehungssysteme zwischen Eltern und Kind von großer Bedeutung. Im täglichen familiären Zusammenleben werden körperliche und psychische Bedürfnisse, wie z. B. nach Wärme, Zuneigung oder Anerkennung, befriedigt. Mütter, die von ihren Partnern physische und psychische Gewalt erleben, schaffen es häufig nicht „das Fass der kindlichen Bedürfnisse" kontinuierlich aufzuladen. Eine Kindesmutter berichtete mir in einem Gespräch ihre Erschöpfung nach einer Gewaltattacke ihres Mannes:

„Nachdem mich mein Mann geschlagen hat, war die Energie für meine Kinder kaum mehr gegeben. Ich hatte keine Kraft, mit ihnen auf den Spielplatz zu gehen oder etwas Schönes zu erleben. Ich war mit meinem Schmerz so sehr beschäftigt, dass mir meine Kinder einfach zu viel wurden. Um Ruhe zu haben, setzte ich sie nach der Schule vor den Fernseher und am Wochenende genauso. Ich war dankbar, dass sie einen Ganztagesplatz hatten, sodass ich wusste, ich muss nur 3 Stunden „überleben". Den Haushalt habe ich gemacht, auch gekocht, – damit mein Mann keinen Grund sehen könnte, mich dafür zu bestrafen. Nach 14 Tagen ging es mir dann besser und ich konnte wieder mit meinen Kindern etwas unternehmen, bis der nächste unerwartete Moment der Gewalt kam." (Julia, 40 J.).

Zu Beginn ist gerade die Beziehung zur Mutter sehr groß, weil sie das Kind 9 Monate lang unter ihrem Herzen getragen hat und bereits durch die vorgeburtliche Interaktion mit dem Kind eine intensive Beziehung zu ihm aufgebaut hat. Sind diese Voraussetzungen nicht gegeben, kann es zu „irreversiblen Dauerschädigungen" des Kindes kommen (vgl. Lempp, 1986, S. 20).

Unsere Vorstellung von Schwangerschaft und Geburt trägt ein liebevolles Bild. Den ungeborenen/neugeborenen Kindern wird mit besonderer Beachtung, Behutsamkeit und Zärtlichkeit begegnet. Es ist nahezu unerträglich und unvorstellbar, dass Frauen in einer Zeit, wo sie des besonderen Mitgefühls bedürfen, einem erhöhten Risiko ausgesetzt sind, Opfer körperlicher, sexueller und psychischer Gewalt zu werden. Mit der Schwangerschaft und Geburt kann Gewalt durch den Partner erstmalig beginnen. Eine schwangere Frau, die Gewalthandlungen und Drohungen erleidet, ist einer direkten Gefährdung und enormen Belastungen ausgesetzt. Über vermehrte Komplikationen bei Schwangerschaft und Geburt berichteten in der bundesdeutschen Repräsentativbefragungen ein Dritter der von häuslicher Gewalt betroffenen Frauen (Müller & Schöttle, 2004, S. 153).

Bereits in den 1980er-Jahren kam René Spitz (Psychoanalytiker, Wegbereiter der Säuglingsforschung und Entwicklungspsychologie) zum dem Schluss, dass Kinder, welche ein schädigendes Verhalten erleben, ein charakteristisches und ziemlich regelmäßiges auffälliges Verhalten aufzeigen. Er beobachtete, wie diese Kinder im ersten Monat zunächst weinerlich und anspruchsvoll werden und sich sehr bemühen, Kontakt mit einem anderen Erwachsenen herzustellen. Im zweiten Monat geht das Weinen häufig in anhaltendes Schreien über und das Kind verliert an Körpergewicht. Im dritten Monat wendet sich das Kind ab und möchte keinen Kontakt aufnehmen. Das Kind wird nun anfälliger für Krankheiten und zeigt immer deutlicher einen traurigen, starren Gesichtsausdruck.

Dieses Verhalten bezeichnet René Spitz als „anaklitische Depression". Wird das Verhalten zum Dauerzustand sprechen die Experten*innen von „Hospitalismus".

Jede Mutter hat eine stark ausgeprägte Intuition, um auf die Bedürfnisse ihres Kindes einzugehen. Daraus entsteht ein Interaktionssystem. Fraglos ist also die Mutter am Lebensanfang die wichtigste Person, denn sie ist Teil des Kindes selbst, beide sind eng aufeinander bezogen und miteinander verbunden. Eine unsichtbare Nabelschnur existiert weiterhin. Die geliebte Mutter des Kindes lernt, seine Signale und seine Bedürfnisse zu erkennen, darauf zu reagieren und sie unmittelbar zu befriedigen. Somit entsteht eine enge Mutter-Kind-Beziehung, die für die gesamte Entwicklung eines Kindes von enormer Wichtigkeit ist. Nach dieser engen Phase zur Mutter beginnt im 4.–5. Lebensmonat der „Lösungs- und Individualisierungsprozess", der am Ende des 3. Lebensjahres seinen Abschluss findet. Etwa in der Mitte des ersten Lebensjahres reagiert das Kind auf Mutter und Vater mit einer spezifischen Lächelreaktion, es erkennt sie beide als unterschiedliche Personen, zu denen das Kind unterschiedliche Beziehen aufbaut. Nun wird auch der Vater zu einem Bindungsobjekt (vgl. Lempp, 1986, S. 40). Wenn dann das das Kind Gewalt gegen die Mutter erlebt, bleibt dieses grausame Lebenskonstrukt der Eltern nicht ohne negative Auswirkungen und gesundheitliche Folgen für die Heranwachsenden.

Die Geburt eines Kindes ist grundsätzlich mit größeren Veränderungen für die Partnerschaft und das Lebenskonzept der Eltern verbunden: Das Neugeborene kann Stress, Schlafmangel und finanzielle Veränderungen bedeuten. Diese auftretenden Veränderungen der Partnerschaft nach der Geburt des Kindes können zu einer Zunahme von Konflikten führen. Beispielsweise kann ein eifersüchtiger, dominanter Partner sich durch die hohe Aufmerksamkeit, die der Säugling von seiner Mutter erhält, „bedroht" fühlen und sich extrem besitzergreifend verhalten. Es kann passieren, dass die Mutter am Stillen des Neugeborenen gehindert wird, zum Sex gezwungen oder beschuldigt wird, sexuelle Verhältnisse mit anderen Männern zu haben, da die Frau keine Lust auf Sex habe.

Die Mutter erleben Jungen und Mädchen zunächst als sich selbst ähnlich. Der Vater ist anders, er riecht anders, er kratzt beim Schmusen, er fasst den Säugling anders an, spielt körperlich betonter, aktiver und ruppiger. Diese Körperspiele sind sehr wichtig, denn sie helfen dem Kind bei der spielerischen Entdeckung seiner selbst und seiner Umwelt. Nach und nach nimmt das Schutzbedürftige Dinge, Teile von Dingen und Personen wahr, setzt sie zu Bildern, zu seinem eigenen Lebenskonstrukt zusammen und verinnerlicht diese Bilder. Mit der Sicherheit im Rücken kann das Kind sich optimal entwickeln und seine Umwelt ungestört und neugierig mithilfe der Orientierung seiner Eltern entdecken. Der Schutzraum Familie ist für ein Kind von absolut zentraler Bedeutung, denn es ist der Ursprung seiner Erfahrungen, die es lebenslang prägen. Wir Erwachsene sollten uns immer darin erinnern wie das bei uns war.

8.2   § 8a SGB VIII: Verfahren des Wächteramtes bei Anhaltspunkten für innerfamiliäre häusliche Gewalt

„Die mittlerweile gut entwickelte Befundlage zeigt deutliche negative Auswirkungen eines Miterlebens von Partnergewalt auf die Entwicklung von Kindern. Bei einem Teil der betroffenen Kinder ergeben sich hieraus bedeutsame Beeinträchtigungen in wichtigen Entwicklungsbereichen." (Kindler 2013, S. 45, aus der Perspektive der Entwicklungspsychologie)

Der Paragraph § 8a SGB VIII konkretisiert den im Grundgesetz verankerten Schutzauftrag und klärt, welche Schritte bei Bekanntwerden einer (möglichen)

Kindeswohlgefährdung im Jugendamt einzuhalten sind und wie die Träger der freien Jugendhilfe in diesen Schutzauftrag einzubinden sind. Ein Schutzplan (bzw. eine Schutzvereinbarung), der zwischen Sorgeberechtigten, Jugendamt und Trägern der freien Jugendhilfe vereinbart wird, regelt, mit welchen Schritten und Maßnahmen der Schutz des Kindes wieder hergestellt wird.

Sozialgesetzbuch (SGB) – Achtes Buch (VIII) – Kinder- und Jugendhilfe – § 8a Schutzauftrag bei Kindeswohlgefährdung

(1) Werden dem Jugendamt gewichtige Anhaltspunkte für die Gefährdung des Wohls eines Kindes oder Jugendlichen bekannt, so hat es das Gefährdungsrisiko im Zusammenwirken mehrerer Fachkräfte einzuschätzen. Soweit der wirksame Schutz dieses Kindes oder dieses Jugendlichen nicht in Frage gestellt wird, hat das Jugendamt die Erziehungsberechtigten sowie das Kind oder den Jugendlichen in die Gefährdungseinschätzung einzubeziehen und, sofern dies nach fachlicher Einschätzung erforderlich ist,

1. sich dabei einen unmittelbaren Eindruck von dem Kind und von seiner persönlichen Umgebung zu verschaffen sowie
2. Personen, die gemäß § 4 Absatz 3 des Gesetzes zur Kooperation und Information im Kinderschutz dem Jugendamt Daten übermittelt haben, in geeigneter Weise an der Gefährdungseinschätzung zu beteiligen.

In der überwiegenden Mehrheit der Fälle, in denen die Kindesmutter durch den Lebenspartner misshandelt wird, erleben die Schutzbedürftigen die häusliche Gewalt direkt oder indirekt mit, was sich auf diversen Sinnesebenen vollzieht: Sie sehen, wie die geliebte Mutter geschlagen oder vergewaltigt wird; sie hören, wie der Vater schreit, sie spüren seinen Zorn, die Mutter wimmert oder verstummt vor Angst, die zarten Kinderseelen erfassen die bedrohliche Atmosphäre bereits vor dem Eintreten der grausamen Gewalttaten. Über das Miterleben hinaus werden sie jedoch auch häufig selbst Opfer direkter körperlicher und/oder seelischer Misshandlungen. Von Gewalt betroffene Frauen treten Sozialarbeiter*innen des Wächteramtes häufig mit erheblichen Ängsten entgegen. Ihre Furcht ist immens, als schlechte Mutter verurteilt zu werden, weil sie die zarten Kinderseelen nicht vor Gewalt schützen können. Zudem besteht akute Angst, dass ihnen das Sorgerecht entzogen wird oder dass ihnen schnelle Entscheidungen abverlangt werden, z. B. sich vom Partner zu trennen oder in ein Frauenhaus gehen zu müssen, um die Gefahr abzuwenden.

Fachkräfte müssen kontinuierlich die Gewaltsituation besprechen, reflektieren und verdeutlichen, dass sie Unterstützung für die betroffene Mutter anbieten, aber im Falle einer weiter bestehenden Kindeswohlgefährdung auch zum Schutz des Kindes eingreifen müssen und auch werden, um die drastische Kindeswohlgefährdung abzuwenden, wenn Mütter hierzu nicht in der Lage sind. An der Art des Umgangs mit ihnen, spüren die von Gewalt betroffenen Frauen in der Regel sehr deutlich, ob sich eine Interventionsmöglichkeit auf eine „Erziehungsunfähigkeit" bezieht oder ob zum Schutz des Kindes und zu ihrer Entlastung unterstützend gehandelt wird. In jedem Fall muss die Gewalt zu Hause direkt angesprochen werden. Auch wenn die gewaltbetroffene Frau nicht direkt das Tatgeschehen schildert, sondern sich eher mit ihren Aussagen zurückzieht, weil sie sich oft schuldig fühlt, sich schämt oder in Loyalitätskonflikten zu ihrem gewalttätigen Partner steht, benötigt es eine professionelle und wertschätzende Gesprächsführung damit sich die betroffene Frau und auch ihre Kinder den Fachkräften des Wächteramtes öffnen.

Des Weiteren kann es von der geschädigten Frau als Erleichterung empfunden werden, wenn die Fachkraft von sich aus die Gewalt oder den Verdacht auf Gewalt als möglichen Hintergrund für eine aktuell schwierige Situation in Erwägung zieht und gezielt danach fragt. Diese Herangehensweise führt gleichzeitig dazu, das der betroffenen Frau signalisiert wird, dass der*die Sozialarbeiter*in des Wächteramtes mit der Dynamik der Gewalt vertraut ist und sich durch die schwerwiegende und emotionale Belastung nicht abschrecken lässt. Es ist notwendig, die betroffene Frau zu ermutigen, über ihre Situation zu sprechen. An dieser Stelle ist große Empathie gefragt, denn es ist sehr schwer, als Mutter über eigene Gewalterfahrungen zu sprechen, und erfordert Ruhe, Wohlwollen und Zeit. Vor diesem Hintergrund darf die geschädigte Frau zu keinen schnellen Entscheidungen gedrängt werden, wenn sie im Moment des Hausbesuches, im Kontext § 8a SGB VIII, nicht sprechen möchte. Fachkräfte sollten zudem berücksichtigen, dass die Polizei bereits den 10-tägigen Wohnungsverweis ausgesprochen hat und ein Gespräch in diesen 10 Tagen zur Entscheidungsfindung wiederholt stattfinden kann, allerdings auch erfolgen muss. Erst wenn das Wohl des Kindes massiv gefährdet ist, muss zum Wohl des Kindes, ohne elterliches Einverständnis und gegen deren Willen, gegen das Sorgerecht eingegriffen werden.

Um den Schutzauftrag und damit die Rolle als Wächter zu erfüllen, steht ein breites Spektrum an Möglichkeiten zur Verfügung, für die folgende Maßgaben gelten:

- Vor Eingriffen in das Elternrecht sind Unterstützung und Hilfe seitens des Wächteramtes zu gewähren (Verhältnismäßigkeitsgrundsatz).
- Von mehreren gleichwertigen Mitteln zur Abwendung einer Kindeswohlgefährdung ist immer primär das mildeste zu wählen (Übermaßverbot).

Gerne möchte ich im Zuge dessen ein Beispiel von Fehlverhalten nennen: Im Kontext von häuslicher Gewalt ist ein unverhältnismäßiger Eingriff in das Elternrecht, wenn eine von gewaltbetroffene Kindesmutter vor eine vermeintlich binäre Entscheidung gestellt wird, sich entweder sofort von ihrem Lebenspartner zu trennen oder ihre geliebten Kinder würden umgehend gem. § 42 SGB VIII in Obhut genommen werden. Was würde an dieser Stelle geschehen? Die Mitarbeiter*innen des Wächteramtes würden gradlinig die Machtposition einnehmen und, zum einen die Kindesmutter allein für den Schutz ihrer Kinder verantwortlich machen, zum anderen den Gewalt ausübenden Kindesvater aus dem Blick verlieren. Mit einer solchen, in der Regel unverhältnismäßigen, einseitigen „Verantwortisierung" der Kindermutter würde ihr das Recht genommen, eigene Perspektiven für sich und ihre Kinder jenseits einer gewaltbelasteten Beziehung zu erarbeiten, sich aus Abhängigkeiten und Zwangslagen zu lösen und hierbei Unterstützung in Anspruch zu nehmen. Dem gewalttätigen Kindesvater würde damit das Recht genommen, zu seiner Verantwortung zu stehen und an gewaltfreien Veränderungen zu arbeiten (Kelly & Meysen, 2016).

Das Miterleben von Partnerschaftsgewalt für die zarten Kinderseelen geht nicht notwendigerweise mit einer erheblichen Schädigung der Schutzbedürftigen einher und ist damit nicht automatisch eine Kindeswohlgefährdung im Sinne des § 1666 Abs. 1 BGB. Dennoch ist das Miterleben der Gewalt zwischen den vertrauten Erwachsenen sehr wohl eine *Gefahr für das seelische Wohl des Kindes* (Biesel & Urban-Stahl, 2018). Darin sind zumindest *„gewichtige Anhaltspunkte für die Gefährdung des Wohls eines Kindes oder eines Jugendlichen"* zu sehen (§ 8a Abs. 1 S. 1, § 8a Abs. 4 S. 1 SGB VIII, § 4 Abs. 1 S. 1 KKG). Es handelt sich immer um konkrete Hinweise bzw. ernst zu nehmende Vermutungen für eine Kindeswohlgefährdung. Die Rechtsgrundlage weist Fachkräften des Wächteramtes auch bei Bekanntwerden gewichtiger Anhaltspunkte für eine Kindeswohlgefährdung Handlungspflichten zu, die in einem §-8a-SGB-VIII-Einschätzungsbogen dokumentiert werden.

Zudem ist das Wächteramt bei Anhaltspunkten für innerfamiliäre häusliche Gewalt verpflichtet, im Zusammenwirken mehrerer Fachkräfte die Gefährdung einzuschätzen (§ 8a Abs. 1 S. 1 SGB VIII), ggf. in interdisziplinärer Zusammensetzung und unter Einsatz von Instrumenten zur sozialpädagogischen Diagnostik. Hierbei sind die Erziehungsberechtigten als auch die Schutzbedürftigen einzubeziehen. Hiervon dürfen die Fachkräfte des Wächteramtes nur dann eine Ausnahme machen, wenn durch die Einbeziehung der wirksame Schutz vor weiterer Gefahr des Minderjährigen in Frage gestellt würde. Das bedeutet, dass das Kind bei der Fehleinschätzung der Fachkräfte weiteren Grausamkeiten ausgeliefert wäre (z. B. bei sexueller Gewalt).

Darüber hinaus haben Fachkräfte des Wächteramtes bei betroffenen Kindern eine fachliche Einschätzung des Kindes (Inaugenscheinnahme) vorzunehmen.

Dies ist absolut erforderlich, um sich einen unmittelbaren Eindruck vom Kind und seiner persönlichen Umgebung zu verschaffen und ggf. das Kind in seiner Wohnumgebung aufzusuchen (z. B. Hausbesuch, Aufsuchen des Frauenhauses; § 8a Abs. 1 S. 2 SGB VIII).

> **Inaugenscheinnahme im „Wachzustand des Kindes"** Seit dem Vorfall, dass eine Kindesmutter behauptet hatte, ihr Kind schlafe noch, obwohl der kleine Körper des Säuglings bereits leblos im Kinderbett lag, und der*die Mitarbeiter*in des Wächteramtes, der Aussage der Kindesmutter glaubend, die Wohnung der Familie verlassen hatte, wurde die Inaugenscheinnahme im Wachzustand strengstens rechtlich festgesetzt.

Darüber hinaus hat das Wächteramt bei der Wahrnehmung seines staatlichen Auftrages zur partizipativen Gefährdungseinschätzung die Möglichkeit, ohne Berücksichtigung des Datenschutzes Informationen bei Dritten außerhalb der Familie einzuholen. Denn wenn es um Ermittlungen im Kinderschutz geht, ist der Datenschutz im Rahmen des § 8a SGB VIII hinfällig.

Der Schutzauftrag des Wächteramtes ist gleichzeitig auch ein Hilfeauftrag. Somit ist es ebenfalls eine zentrale Aufgabe des Wächteramtes, den Betroffenen zur Abwendung einer (potenziellen) Gefährdung geeignete und notwendige Hilfen anzubieten (§ 8a Abs. 1 S. 3 SGB VIII). Konkret: ein passgenaues Unterstützungsangebot der Jugendhilfe (§ 27 ff. SGB VIII). Sofern die Kindeswohlgefährdung nicht gemeinsam mit den Erziehungsberechtigten, unter ihrer Mitwirkung sowie mit ihrem Einverständnis, abgewendet werden kann, ist das Wächteramt verpflichtet das Familiengericht anzurufen, soweit es dies für erforderlich hält (§ 8a Abs. 2 SGB VIII). Das Familiengericht (FamFG) wird sofort auf die Mitteilung des Wächteramtes reagieren und ist befugt und verpflichtet (nach gründlicher Überprüfung der Faktenlage), in die elterliche Sorge einzugreifen, indem es diese beispielsweise

- teilweise oder vollständig entzieht,
- Auflagen erteilt, Hilfen gem. § 27 ff. SGB VIII in Anspruch zu nehmen, oder
- Verbote ausspricht (Zuweisung der Wohnung auf die Kindesmutter und ihre Kinder, Annäherungsverbot, Kontakt mit dem Kind [unbegleitet] aufzunehmen oder ein Zusammentreffen herbeizuführen [§ 1666 Abs. 3 BGB]).

So drastisch diese Maßnahmen auch sind, in allen Familienfällen ist es die Kunst des*der Sozialarbeiters*in im Wächteramt, die Gesprächsführung zielorientiert im Einvernehmen der betroffenen Erwachsenen in einer sehr transparenten

Vorgehensweise zu führen und einen vorausschauenden Verfahrensweg des Wächteramtes bei Anhaltspunkten für innerfamiliäre Gewalt zu ergreifen. Hierfür ist ein enormer Erfahrungswert, eine reife persönliche und kompetente fachliche Haltung, als auch ein Gespür der tatsächlichen Realität, nicht der eigenen angstbehafteten Sorge notwendig, um nicht voreilige Schritte zu ergreifen, die unangemessen sind und aufgrund der höchsten Instanz des Sozialwesens vermutlich nicht in Frage gestellt werden.

8.2.1 Inobhutnahme durch das Jugendamt

„Und wenn sie mir mein Kind wegnehmen?"
Vielleicht stehen Sie gerade vor dieser Frage? Nun, es ist gleich, ob Sie sich selbst große Sorgen um ihr geliebtes Kind machen, oder nach fundiertem Fachwissen suchen. Diese angstbesetzte Fragestellung habe ich abermals gehört. Doch nur die wenigsten Betroffenen stellen dem Wächteramt gezielt diese Frage. An dieser Stelle kann ich Ihnen mit gutem Gewissen sagen: In den seltensten Fällen wird das Kind umgehend aus der Familie herausgenommen, insbesondere dann nicht, wenn belastete Elternteile sich selbst an das Jugendamt wenden und nach ausführlicher Offenbarung des Geschehens um Unterstützung bitten. Jeder Elternteil, der Einsicht und Kooperation zeigt, erhält jede Unterstützung, die dem Wächteramt in seiner Macht steht. Die Begründung dafür ist, dass bereits von einer tatsächlichen Gefährdungslage für das Kind eingegriffen werden kann. Eltern handeln mit ihrer Präsenz beim Jugendamt präventiv. Dieser Weg wird von den „Wächtern des Staates" durchaus geschätzt.

Wenn die Kindesmutter bereits Gewalttaten erlebte und ihre Kinder mit eigenen Augen die Grausamkeiten mitansehen oder hören mussten, und sie dann zum Jugendamt eilt, um Unterstützung zu erhalten, wird es ihr gelingen, den dynamischen Teufelskreislauf der Gewalt zu stoppen. Denn die mittlerweile gut entwickelte Befundlage aus tatsachenwissenschaftlicher Forschung zeigt deutliche negative Auswirkungen eines Miterlebens von Partnerschaftsgewalt auf die Entwicklung von Kindern.

Ich hoffe, dass es mir gelungen ist, die angstbesetzte Haltung vor dem Jugendamt zu nehmen. Ich versichere allen Betroffenen, dass die Mitarbeiter*innen des Jugendamtes nicht in geringster Weise das Interesse daran haben, Familien auseinanderzubrechen. Dem Wächteramt geht es ausschließlich um das Wohl des Kindes. Nur wenn gravierende Gefährdungspunkte eintreffen und von den Eltern nicht abgewendet werden können, hat das Jugendamt als auch das Familiengericht die *Garantenpflicht*. Denn die Verletzung der Garantenpflicht gehört zu den Rechtswidrigkeiten. Mit anderen Worten: Jeder „*Wächter des Staates*" kann wegen „Unterlassens" strafrechtlich verfolgt werden. Es bedarf einer äußerst strengen Überprüfung, bis ein Kind tatsächlich aus der Herkunftsfamilie herausgenommen werden muss, bis das Wohl des Kindes wieder sichergestellt ist.

Gerne möchte ich Ihnen an dieser Stelle ein Beispiel ans Herz legen:

„*Die Polizei informierte uns, dass sie gerade in einer Wohnung sind. Herr T. sei aggressiv, vermutlich Rauschmittel im Spiel. Schränke und Fenster sind zerschlagen. Blutspuren sind an der Wand gekennzeichnet. Die Kinder (2 und 5 J.), wirken auf die Polizeibeamten apathisch. Die Kindesmutter wird medizinisch versorgt. Sofort machten wir uns auf den Weg. Beim Eintreffen war uns klar, dass die Kindesmutter ins Krankenhaus muss und die Kinder notbetreut werden müssen, bis die Kindesmutter wieder zu vollen Kräften gekommen ist, um sich um ihre Kinder kümmern zu können.*" (Jugendamt Herr B.).

Ein weiteres Beispiel:

„*Es war bereits der dritte schwere Einsatz im Kontext häusliche Gewalt. Beim Betreten der Wohnung hatte der Kindesvater uns „ihr billigen Schlampen vom Jugendamt" genannt. Die Kindesmutter hatte Hämatome im Gesicht und Nasenbluten. Die Kinder hatten sich im Zimmer versteckt. Die Polizei kam zur Hilfe, da der gewalttätige Kindesvater sich nicht beruhigen konnte. Die Kindesmutter gab sich die Schuld an der Gewalt. Bereits zweimal wurde der Täter der Wohnung verwiesen. Er versprach, sich zu bessern. Die Unterstützung des Frauenhauses wurde in Erwägung gezogen. Die Kindesmutter wollte partout bei ihrem gewalttätigen Ehemann bleiben, und das immer und immer wieder, trotz der verursachten massiven Kindeswohlgefährdung. Wie viele Grausamkeiten mussten die Kinder noch erfahren? Das Familiengericht wurde angerufen.*" (Jugendamt, Frau A.).

8.2.2 Anforderung an die „Rückkehroption" des Kindes

Wenn das geliebte Kind nicht mehr zu Hause wohnt, weil das Familiengericht die elterliche Sorge nach § 1666 BGB entzogen hat und die Systemschwächsten durch das Jugendamt in Obhut genommen worden sind, fühlen sich betroffene Eltern äußerst aufgewühlt, verzweifelt und auch wütend. Das alles ist absolut nachzuvollziehen. Dennoch rate ich jedem betroffenen Elternteil, zu versuchen, so gut es geht, Ruhe zu bewahren und die einzelnen Verfahrensschritte gut zu beherzigen. Als Sozialarbeiterin im Wächteramt hatte ich einen wundervollen Satz an der Hand, mit dem auch die zornigsten betroffenen Eltern umgehen konnten:

„Ich helfe Ihnen, mich wieder loszuwerden!"

Sehr häufig wird dem Wächteramt die Schuld gegeben, dass die geliebten Kinder aus der Herkunftsfamilie gerissen wurden, und es liegt dann sehr nahe, dass die betroffenen Eltern jegliche Kooperation verhindern oder wutentbrannt die Büroräume stürmen. Je nach Sensibilität des*der Sozialarbeiters*in werden emotionale Eltern bereits nach 2 min von der Security abgeführt, was sogar zu einem Platzverweis und Hausverbot führen kann. Auch wenn es noch so schwer fällt, im Fall einer Inobhutnahme gem. § 42 SGB VIII, ist es extrem wichtig, eng und verlässlich mit dem*der zuständigen Sozialarbeiter*in des Wächteramtes zusammenzuarbeiten. Gute Kooperation zahlt sich fast immer aus, denn die „Wächter des Staates" werden im Rahmen der Gerichtsverhandlung immer anwesend sein und nach der Einschätzung der Kindeseltern befragt. Des Weiteren steht in jeder Beschlussfassung die Begründung der Inobhutnahme. Um eine Rückführung zu veranlassen, müssen betroffene Eltern exakt die kindeswohlgefährdenden Aspekte nachweislich ausräumen, um das Kindeswohl auch zukünftig sicherstellen zu können. Als Mitarbeiter*in des Jugendamtes ist es notwendig, auf die Auflagen und Aufträge hinzuweisen, die in der Kinderschutzvereinbarung dokumentiert wurden, auch wenn die Eltern diese nicht unterschrieben haben. Es ist die Forderung des Wächteramtes, die immer noch eine Chance der Beseitigung der Kindeswohlgefährdung erzielt – in Zukunft.

Im Falle einer Rückführung ist eine Zusammenarbeit mit dem Wächteramt weiterhin erforderlich, sodass ich wärmstens empfehle, dem*der Jugendamtmitarbeiter*in „wohlgesonnen" zu sein. Hierzu gehört auch eine möglichst gute Erreichbarkeit über Telefon und E-Mail. Zudem müssen Termine verlässlich eingehalten werden (z. B. Hilfeplangespräche, Gerichtstermine, begleitete Umgänge mit den Kindern). Alle Termine, insbesondere Verhandlungstermine beim Familiengericht haben oberste Priorität, wenn eine baldige Rückführung stattfinden soll. Darüber hinaus müssen betroffene Eltern zwingend davon absehen, eigenmächtig Kontakt zur Pflegefamilie oder Bereitschaftspflegefamilie aufzunehmen oder gar unangekündigt dort vor der Tür zu stehen. So sehr Eltern ihr Kind auch vermissen, dieses Verhalten würde den Rückführungsprozess nur verlangsamen.

Alle Umgangskontakte werden durch das Jugendamt vereinbart und vermittelt. Oftmals benötigt das Familiengericht ein familienpsychologisches Sachverständigengutachten, um die Situation besser einschätzen zu können und um herauszufinden, wann und unter welchen Umständen das Kind in die Herkunftsfamilie zurückgeführt werden kann. Auch an dieser Stelle gilt eine gute Kooperation und Kommunikation mit dem*der Sachverständigen. Ohne eine stabile, kontinuierliche Kooperation wird der Prozess der Rückführung massiv verlangsamt. Jeder*jede Mitarbeiter*in des Wächteramtes hat die Pflicht nach einer Inobhutnahme gem. § 42 SGB VIII, die Rückkehroption eines jeden Kindes genauestens zu berücksichtigen und das Rückkehrmanagement einzuleiten. Dies ggf. mithilfe einer ambulanten Jugendhilfe gem. § 31 SGB VIII (sozialpädagogische Familienhilfe), die durch intensive Betreuung und Begleitung der Familie in ihren Erziehungsaufgaben, bei der Bewältigung von Alltagsproblemen, der Lösung von Konflikten und Krisen sowie im Kontakt mit Ämtern und Institutionen unterstützen und Hilfe zur Selbsthilfe geben soll. Die sozialpädagogische Familienhilfe ist in der Regel auf längere Dauer installiert (ca. 3 Jahre) und erfordert die Mitarbeit der Familie. Durch einen *Antrag auf Hilfe zur Erziehung* wird diese Form der Hilfe durch das Jugendamt eingeleitet. Auch in Sachen Rückkehroption.

8.3 Mitwirkung beim Familiengericht

8.3.1 Gerichtliche Vorgehensweise

Die familiengerichtliche Vorgehensweise im Kontext *häuslicher Gewalt* ist nicht die Aufgabe wie etwa im Strafrecht, die Aufklärung und Sanktionierung vergangener Taten vornimmt, sondern es besteht die hoheitliche Aufgabe der Abwendung zukünftiger Schädigungen von Minderjährigen. Der Bundesgerichtshof und sich daran anlehnend das Bundesverfassungsgericht verwenden eine Definition, wonach eine Kindeswohlgefährdung *„bei einer gegenwärtigen, in einem solchen Maß vorhandenen Gefahr (besteht), dass bei der weiteren Entwicklung der Dinge eine erhebliche Schädigung des geistigen oder leiblichen Wohls des Kindes mit hinreichender Wahrscheinlichkeit zu erwarten ist."*

Hierbei ist es wichtig, zu wissen, dass bevor familiengerichtliche Eingriffe in die elterliche Sorge, gem. § 1666 Abs. 3 BGB, zulässig sind, Angebote der Hilfe und Unterstützung zu unterbreiten sind, die auf die Beseitigung oder den Ausgleich des festgestellten elterlichen Defizits ausgerichtet sind.

Das bedeutet, wenn das Wohl des Kindes gefährdet ist, geht die Gewährung von „öffentlichen Hilfen" etwaigen Eingriffen vor (§ 1666a Abs. 1 BGB; Verhältnismäßigkeitsgrundsatz).

Alle familiengerichtlichen Interventionen sind einerseits abhängig von der Bereitschaft und/oder der Fähigkeit der Sorgeberechtigten zur Abwehr vorhandener Gefahren des Kindes, und andererseits von der Beurteilung der Eignung ambulanter Hilfen zur Erziehung, gem. § 27 ff. SGB VIII, bei der Abwehr einer Kindeswohlgefährdung. Das Familiengericht benötigt eine hervorragend ausgearbeitete Faktenlage des Wächteramtes, um einen gerichtlichen Beschluss unter der Berücksichtigung des Übermaßverbots zu erfassen.

Bei gewaltbetroffenen Elternteilen ist es zum einen notwendig, immer Alternativen zum Verbleib in der gewaltbelasteten Beziehung aufzuzeigen und zu erarbeiten, und zum anderen, weil damit das Wohlverhalten allein beim gewaltbetroffenen Elternteil verortet wird, statt den gewaltausübenden Elternteil bei der

Abwendung der Gefährdung in die Verantwortung zu nehmen. Ein gesundes System der Familie hat für jedes Kind einen enormen Einfluss auf seinen gesamten Lebensweg. Gerät dieses familiäre System in einen beschädigten Zustand, bedarf es einer Brandbreite an Unterstützungsmöglichkeiten, und zuletzt die Mitwirkung des Familiengerichts, damit betroffene Eltern erkennen, in welcher schädlichen familiären Gewaltdynamik ihre Kinder aufwachsen. Des Weiteren lädt das FamFG immer weitere Prozessbeteiligte zum gerichtlichen Termin ein: Das Jugendamt als auch der Verfahrensbeistand sind wichtige Akteure innerhalb des familiengerichtlichen Prozesses und auch darüber hinaus. Familienrichter*innen sind von der fachlichen Einschätzung der Fachkräfte hochgradig abhängig. Nur durch ein enormes Fachwissen der o. g. Akteure können gezielte gerichtliche Beschlüsse erfolgen.

8.3.2 Der begleitete Umgang gem. § 18.3 SGB VIII

„Kein Umgang um jeden Preis!"

Mit Inkrafttreten der Kundschaftsreform am 01. Juli 1998 erfolgte eine ausdrückliche Hervorhebung der Bedeutung des Umgangs der Kinder mit dem Elternteil, mit dem sie nicht zusammenleben, oder mit anderen Bezugspersonen, zu denen eine intensive Bindung aufgebaut worden ist, und deren Aufrechterhaltung für eine gesunde Kindesentwicklung förderlich ist.

Nach einer Trennung der Eltern kann es zu einem hohen Konfliktniveau kommen, sodass die Eltern vor allen Dingen im Kontext häuslicher Gewalt zu keiner einvernehmlichen Lösung im Interesse des Kindes finden können. In diesem Zusammenhang ist es die Aufgabe des Familiengerichtes auf Antrag eines Elternteils, dessen Befugnis, gem. § 1628 BGB, zu regeln. Eine Umgangseinschränkung auf einen kürzeren und längeren Zeitraum ist jedoch zulässig, wenn das Wohl des Kindes gefährdet ist, z. B. in Fällen bei sexueller Gewalt, Drohungen von Gewalt und/ oder Gewalthandlungen etc.

Eine Einschränkung für den Umgangsuchenden ist u. a. der *„begleitete Umgang",* der entweder auf familiengerichtliche Anordnung, gem. § 1684 Abs. 4 BGB, oder auf Antrag eines Elternteils als Pflichtleistung der Jugendhilfe, gem. § 18 Abs. 3 SGB VIII, stattfindet. Der *begleitete Umgang* ist zeitlich begrenzt und ein Angebot der Jugendhilfe, in dem notwendige Absprachen im Interesse des Kindes getroffen und Möglichkeiten der Begegnung erprobt werden können. Der Kontakt im Rahmen des begleiteten Umgangs findet immer in Begleitung einer dritten Person statt, einer ausgebildeten Fachkraft, die die starken Emotionen der Eltern, aber auch die des Kindes auffangen kann. Das Ziel des begleiteten Umgangs ist die Weiterführung, Wiederherstellung und Anbahnung des Kontaktes zwischen einem

Kind und dessen Elternteil, bei dem der Schutzbedürftige nicht lebt. Auch in Fällen häuslicher Gewalt wird nach Trennung der Eltern der Kontakt zwischen dem Minderjährigen und dem gewalttätigen Elternteil oft in Form von begleiteten Umgängen hergestellt. Vor diesem Hintergrund gelangt zunehmend in die Diskussion, unter welchen Bedingungen der *begleitete Umgang nach häuslicher Gewalt* eine Chance oder doch eher eine Verlegenheitslösung darstellt.

Neben dem Recht auf Umgang mit beiden Elternteilen betont der § 1631 Abs. 2 Satz 1 BGB ausdrücklich, dass Kinder „ein Recht auf gewaltfreie Erziehung" haben, bzw. dass „körperliche Bestrafungen, seelische Verletzungen und andere entwürdigende Maßnahmen" unzulässig sind. Gewalt gegen Kinder ist ein grausames Phänomen, das vorwiegend im häuslichen Bereich auftritt, dem *eigentlichen* Schutzraum. Die Heranwachsenden erfahren direkte Gewalt durch ihre geliebten Bindungspersonen und sind über einen sehr langen Zeitraum in dieser Atmosphäre von Gewalt und Demütigung gefangen.

Meines Erachtens wird bei der Entscheidung betreffend der Aussetzung oder Beschränkung des Umgangs das kindliche Miterleben von häuslicher Gewalt in der Regel nur in geringer Weise berücksichtigt. Die Sicherheits- und Schutzbedürfnisse der Systemschwächsten müssen zwingend in den Mittelpunkt gestellt werden, sowohl emotional vor weiterer Traumatisierung als auch vor weiteren emotionalen Übergriffen. Des Weiteren benötigen Kinder und Jugendliche zur Verarbeitung der ihnen angetanen oder miterlebten Gewalt vor allen Dingen *Zeit*.

An dieser Stelle ist zu betonen, dass betroffene Kinder noch nie mit jemandem über die Gewalthandlungen gesprochen haben. Bei einer überstürzten Herangehensweise der sofortigen Installierung und Durchführung des begleiteten Umgangs wird diese Atmosphäre in Anwesenheit des gewalttätigen Kindesvaters mitschwingen und mehr Leid als Trost verursachen. Kinder und Jugendliche brauchen Zeit zur Verarbeitung des Gewaltverbrechens. Um es auf den Punkt zu bringen: Kinder und Jugendliche die Gewalt zwischen ihren geliebten Eltern erlebt haben, dürfen zum Kontakt/Umgang mit dem gewalttätigen Elternteil nicht gedrängt werden. Es bedarf Zeit und Raum zur Eruierung der kindlichen Bedürfnisse und Wünsche. Auf diesem Verfahrensweg brauchen Kinder Zeit, ein hohes Maß an Verlässlichkeit und das Gefühl, ernst genommen zu werden, und dies geschieht nicht, wenn eilig die begleiteten Umgänge installiert werden.

In einem geschützten Rahmen können Kinder und Jugendliche ihre drastischen Gewalterfahrungen ansprechen, ihre Gefühle, Ambivalenzen, Wünsche und Befürchtungen bezüglich des abwesenden Elternteils ausdrücken, und altersgerecht durch die jeweilige Fachkraft begleitet werden. Damit ein angstfreier Raum für eine Begegnung mit dem Kindesvater entstehen kann, muss dem betroffenen Kind erst einmal eine sichere und positive Bindung zum versorgenden Elternteil, meist die Kindesmutter und gleichzeitig betroffene Frau von häuslicher Gewalt, ermöglicht werden (vgl. Kindler, 2008).

Zudem muss das Kind sicher sein können, dass die Person, bei der es lebt, geschützt und in Sicherheit ist, sowie das Versprechen und Vertrauen müssen vorhanden sein, dass weitere Gewaltakte ausbleiben. Vor diesem Hintergrund ist die emotionale Verfassung der Kindesmutter streng zu berücksichtigen, denn nach begleiteten Umgängen muss die Kindesmutter in der Lage sein, das Kind in seinen Emotionen und gar Gefühlsausbrüchen positiv zu begleiten, mit aller Ruhe und Kraft.

Die Systemschwächsten brauchen eine Bestätigung ihrer Wahrnehmung und die Verantwortungsübernahme für die erlebte Gewaltausübung seiner Eltern, in Form von einer klaren Äußerung des Vaters, dass die Gewalt tatsächlich stattgefunden hat und diese nicht in Ordnung war, als auch eine Entschuldigung bei der Kindesmutter und dem Kind. Hierfür ist ein sicherer Raum notwendig, das kann der Raum im begleiteten Umgang mit der Fachkraft sein, aber auch klare Regeln, klare Absprachen, das Ernstnehmen möglicher Ängste des Kindes und der Kindesmutter sind notwendig. Vor diesem Hintergrund liegt eine wichtige Schwelle in der Beziehungsklärung zwischen dem gewalttätigen Kindesvater und dem Kind. Sollte diese Schwelle nicht überschritten werden können und die vom Kindesvater ausgeübte Gewalt verleugnet werden, stellt sich an dieser Stelle die Frage, ob das eine gesunde Grundlage sein kann für einen guten Kontakt und Vertrauensaufbau.

Die Schutzbedürftigen können in dem Schutzraum der begleiteten Umgänge in Ruhe herausfinden, ob der Kindesvater überhaupt an einem friedlichen Miteinander interessiert ist und dies als vertrauensbildende Maßnahme aufgreift und respektiert. Das Kind spürt mit der Zeit aufgrund der Verlässlichkeit und Vertrauensbildung, ob es dem Kindesvater wichtig ist, tatsächlich einen guten Kontakt zu ihm herzustellen, und ob er das Kindeswohl im Blick hat, obwohl die Paarebene noch sehr viele Wunden trägt. Zudem brauchen Kinder v. a. in der Anbahnung eines Umgangskontaktes das Gefühl, die Kontrolle über das Tempo zu haben und das Maß an Nähe bestimmen zu können.

Des Weiteren muss der gewalttätige Kindesvater in die Verantwortung für sein Gewalthandeln genommen werden.

Der gewalttätige Mann Der verlassene Kindesvater, der gewalttätige Mann, muss verkraften und akzeptieren, dass seine geschädigte Frau ihn mit den gemeinsamen geliebten Kindern verlassen hat, um das Wohl der Kinder sicherzustellen. Der Kindesvater muss feststellen und Einsicht zeigen, dass seine gewalttätigen Verhaltensmuster, ggf. auch durch staatliche Interventionen, sanktioniert werden und seine ausgeübte Macht und Kontrollversuche

Grenzen im Recht auf Unversehrtheit und Selbstbestimmung haben. Der Vater muss sich damit auseinandersetzen, dass er den Menschen, die ihm großes Vertrauen und Liebe schenkten, Gewalt angetan hat, Schmerzen, Verletzungen und großes Leid verursacht hat. Zudem muss er akzeptieren, dass die Menschen, denen er unfassbares Leid angetan hat, vor ihm geschützt werden müssen oder sich selbst beschützen, indem sie fortgehen mussten.

Viele Männer reflektieren ihr grausames Verhalten nicht und stellen sich diesen Erkenntnissen nicht, – und dennoch wird der begleitete Umgang installiert. An dieser Stelle muss die Frage der qualitativ wirksamen Einleitung der Hilfsmöglichkeit des „begleiteten Umganges" im Sinne des Kindeswohls gestellt werden.

Bei Entscheidungen über die Rechte von gewalttätigen Kindesvätern hinsichtlich Sorge- und Umgangsrecht muss grundsätzlich überprüft werden, ob sie die Sicherheit sowie körperliche und seelische Integrität der Kinder und Jugendlichen, aber auch der Kindesmütter gefährden. Damit ein Umgangskontakt für das Kind tatsächlich positiv wirken und Vertrauen für die Zukunft aufgebaut werden kann, ist es notwendig, dass der Kindesvater unterstützt wird, gegenüber seinem gewalttätigen Verhalten selbstkritisch Stellung zu beziehen. Aus meiner Sicht geht es darum, dass der Kindesvater nicht nur Stellung zur Vergangenheit bezieht, sondern auch darum, dass er benennen kann und muss, wie er zukünftige Stresssituationen und Spannungen lösen möchte. Fachkräfte sollten auf entsprechende Hilfsangebote für gewalttätige Männer hinweisen und die Wichtigkeit einer Anbindung verdeutlichen (z. B. Anti-Gewalt-Kurse, Therapie, Coaching, Erziehungsberatung etc.). Nimmt ein Kindesvater diese Angebote nicht wahr, stellt sich die kritische Frage, ob das Verhalten eine Grundlage für einen positiven Kontakt mit seinem Kind sein kann. Ich persönlich halte es für sehr wichtig, dass auch Familiengerichte bestimmte Aufträge und Auflagen einer Anbindung formulieren, bevor der *begleitete Umgang* seitens des Gerichts beschlossen wird.

Die Mitarbeiter*innen des Wächteramtes nehmen einen wichtigen Stellenwert in der gerichtlichen Praxis ein. Durch ihr Mitwirken an den Verfahren haben sie die hoheitliche Aufgabe und die Möglichkeit, auf die besondere Situation der von Gewalt belasteten Kinder und Familien aufmerksam zu machen. Der*die Richter*in wird dem große Beachtung schenken. Unerlässlich ist hierbei fachliches Wissen über die kindliche Entwicklung und deren Beeinträchtigung durch das Miterleben häuslicher Gewalt, wobei die Erkenntnisse der Bindungs-, Trauma- und Resilienzforschung als Grundlage dienen. In allen Fällen häuslicher Gewalt ist es nötig, dem gewaltbetroffenen Elternteil und den Kindern die notwendige Zeit, Erholung, Regeneration und Orientierung zu geben, bevor sie dem gewalttätigen Elternteil erneut gegenübertreten. Zudem benötigen die Fachkräfte des Jugendamtes und Verfahrensbeistände ebenfalls Zeit, um mit allen Beteiligten sprechen zu können, um eine qualitative Stellungnahme dem*der Richter*in vorlegen zu können, der*die sich ebenfalls ein genaues Bild der Situation machen muss. Ohne eine sorgfältige Ausarbeitung kann es zu einer erheblichen Fehleinschätzung kommen, und das immer zulasten der Kinder. Die Humanwissenschaftler Jaffe und Geffner (2002) haben besondere Merkposten für Umgangsstreitigkeiten beim Vorwurf „häuslicher Gewalt" entwickelt, die sehr gut aufzeigen, wie wichtig es, ist die Handlungsoptionen genauestens zu überprüfen (s. Tab. 8.1).

Tab. 8.1 Merkposten zu „Umgangsstreitigkeiten beim Vorwurf häuslicher Gewalt"

Merkposten	Normaler Umgangsstreit	Umgangsstreit beim Vorwurf häuslicher Gewalt
Hauptziel	Verbesserung der Beziehung des Kindes zum besuchenden Elternteil elterliches Zusammenwirken	Sicherheit für Mutter und Kind
Ziel der gerichtlichen Anhörung	Reduzierung des Konfliktniveaus Vereinbarungen zum Umgang	Einschätzung der lebensgefährlichen Risiken und des Ausmaßes von Gewalt; Schutzmaßnahmen
Gegenstand der Einschätzung	Entwicklungsstand des Kindes, dessen Bedürfnisse und Präferenzen elterliche Fertigkeiten	Auswirkungen der Gewalt auf Mutter und Kind Entwicklungsbedarf der elterlichen Fähigkeiten väterliche Bereitschaft zur Übernahme der Verantwortung Sicherheitspläne für Mutter und Kind
Zukunftsplanung	Umgangsregelung, die den Bedürfnissen des Kindes entspricht	Prüfung der Aufhebung, Aussetzung des Umgangs u. U. begleiteter Umgang
Benötigte Unterstützung	Mediation	Besondere Hilfs- und Einschätzungssysteme mit Spezialkenntnissen auf dem Gebiet häuslicher Gewalt
	Beratungsdienste für Geschiedene und ihre Kinder unabhängige Untersuchung	Überwachte Besuchsmöglichkeiten Absprache zwischen Gericht und Sozialdiensten vor Ort
		Besonders geschulte Rechtsanwälte*innen, Richter*innen, psychologische und psychiatrische Mitarbeiter*innen, Sozialarbeiter*innen

In allen Fällen betreffend den *begleiteten Umgang* im Kontext häuslicher Gewalt erfordert diese Aufgabe eine sorgfältige Planung, adäquate strukturierte Rahmenbedingungen und hoch qualifiziertes Personal. In der praktischen Umsetzung des begleiteten Umganges haben Integrität, Sicherheit und Schutz des Kindes und seiner Bezugspersonen absolute Priorität. Erforderlich sind in allen Fällen eine lückenlose Überwachung der Eltern-Kind-Interaktion, und besonders der Elterninteraktion und -kommunikation. Leitungskräfte sollten genauestens auf die Fachkompetenz ihres Personals achten, das die begleiteten Umgänge tatsächlich durchführt.

„Zuhause auf Zeit" – Kinder und Jugendliche in Frauenhäusern

Stellen Sie sich vor, Sie trauen sich vor lauter Angst nicht nach Hause zurückzukehren. Stellen Sie sich vor, Sie verlassen Ihr Zuhause mitten in der Nacht nur mit den Kleidern, die Sie am Leib tragen. Stellen Sie sich vor, Sie sitzen mit Ihren Kindern im Auto oder im Zug und wissen nicht, wohin Sie fahren oder wen Sie anrufen könnten. Jeden Tag erleben Tausende von Frauen und Kindern diese Verzweiflung, fürchten sich vor ihrem vertrauten Heim und vor dem Menschen, den sie einst geliebt haben oder sogar immer noch lieben und dem sie aus tiefstem Herzen vertraut haben.

In Deutschland stehen gewaltbetroffenen Frauen und ihren Kindern rund 400 Frauenhäuser sowie über 40 Schutz- oder Zufluchtswohnungen mit mehr als 6000 Plätzen zur Verfügung. Hinzu kommen rund 750 Fachberatungsstellen bei Gewalt gegen Frauen (vgl. Bundesministerium für Familien, Senioren, Frauen und Jugend, 2022a). Diese Angaben erscheinen zunächst sehr viel; es reicht jedoch längst nicht aus, um den Opfern von häuslicher Gewalt in unserem Land beizustehen. Die Internetseite der bundesweiten Frauenhaus-Suche (https://www.frauenhaus-suche.de/) wird täglich mehrfach aufgerufen, um Frauen und auch ihren Kindern Schutz zu geben. Die verfügbaren Plätze werden über ein Ampelsystem gesteuert. Nehmen Sie sich die Zeit und rufen Sie selbst die Internetseite auf, um ein Gefühl zu bekommen, wie die Aufnahmesituation derzeit ist. Sie werden Erschreckendes feststellen.

Wenn wir es genau nehmen, gibt es doppelt so viele Tierheime wie Schutzhäuser für Betroffene häuslicher Gewalt. Das ist äußerst besorgniserregend, wenn wir uns die Zahl der betroffenen Kinder ansehen, die täglich ihr gewaltgeprägtes Zuhause verlassen müssen und Angst um ihr Leben haben, bzw. das Leben ihrer geliebten Mutter. Zahlreiche Frauen mit ihren Kindern habe ich in einem Frauen- und Kinderschutzhaus begrüßt, sie viele Monate begleitet. Es ist

N. Sabas, *Häusliche Gewalt*, https://doi.org/10.1007/978-3-658-44151-7_9

keine leichte Entscheidung, in diese Institution zu gehen. Manchmal braucht es mehrere Anläufe, um die Gewaltspirale zu durchbrechen.

Die absolute Hauptaufgabe der Mitarbeiterinnen im Frauenhaus ist der Schutz vor dem Täter, bzw. die Gewaltspirale zu durchbrechen. Voraussetzung dafür ist in erster Linie die Anonymität. Einige Frauen geben sich sogar in der neuen Stadt einen anderen Vornamen, aus Angst entdeckt oder verfolgt zu werden. Denn, auch wenn Frauen die unzumutbaren Wohnverhältnisse verlassen haben, existiert weiterhin ein unsichtbares Band zwischen ihnen und ihren Tätern, die es in vielen Fällen nach der räumlichen Trennung immer noch auf die geschädigte Frau und ihre gemeinsamen Kindern „abgesehen" haben.

9.1   Letzte Rettung Frauenhaus

Gewalt in Beziehungen wird normalerweise nicht dadurch beendet, dass ein Täter von selbst Einsicht zeigt und mit den drastischen Übergriffen aufhört. Fast immer muss die geschädigte Frau selbst für sich und ihre Kinder aktiv werden, indem sie die „Notbremse" zieht. Wenn Betroffene nicht eigenständig in der Lage sind, die toxische Beziehung zu beenden, ist der letzte Ausweg über die Polizei und Justiz. Das ist die „Notbremse", mit der Betroffene weitere Eskalationen verhindern und sich und ihren Kindern ein gewaltfreies Leben erschaffen können. Sie müssen sich nur einmal selbst die Frage stellen: *„Was würde ich tun, wenn mein Partner der Hauptverdiener ist, wir gemeinsame (kleine) Kinder haben und ich in Stresssituationen seiner Gewalt nicht ausweichen kann, weil der Faustschlag schneller ist? Wenn zahlreiche Gespräche gelaufen sind, oder die Anbindung an eine Beratungsstelle nicht ausreicht?"* Schließen Sie die Augen und lassen Sie diese Fragen für einen Augenblick auf sich wirken.

Noch bis zum heutigen Tag ist der Glaubenssatz in vielerlei Köpfen fest verankert, dass Frauenhäuser einer minimalen Wohnausstattung gleichen, oder dass sich mehrere Betroffene mit ihren Kindern ein Zimmer teilen müssen. Die Zeiten haben sich glücklicherweise sehr geändert. Die Wohnverhältnisse werden den Personenzahlen angemessen, sodass jede Familie ihre eigene Privatsphäre hat und je nach Konzeption des Frauenhauses auch eine eigene Küche. Wiederum andere Frauenhäuser sind mit einem sehr großen Küchenraum ausgestattet, in dem auch große Feierlichkeiten, wie Geburtstage, das Zuckerfest oder Weihnachten u. a., gefeiert werden. Es ist den Mitarbeiterinnen der Frauenhäuser ein wichtiges Anliegen, dass es nicht nur „starre" Schlafmöglichkeiten gibt, sondern vor allen Dingen ein Schutzhaus mit einer gemütlichen Atmosphäre. Des Weiteren haben einige Frauenhäuser eine Gartenanlage mit Spielplatz, in der die betroffene Frau auch selbst entspannen kann.

Frauenhäuser sind auch Kinderschutzhäuser. Kinder brauchen während ihres Aufenthaltes im Frauenhaus besondere Aufmerksamkeit und einen am Kind orientierten Lebensbereich. Vor diesem Hintergrund befindet sich im Frauenhaus ein Kinderbereich, der den Räumlichkeiten einer Kindertagesstätte gleicht. Die Mitarbeiterin im Kinderbereich bietet regelmäßige Betreuungsmöglichkeiten an, um die Mütter zu entlasten. Des Weiteren wird der meist fehlende „Kita-Platz" kompensiert. Die meisten Kinder mussten aufgrund der Gewalt ihren alten Kindergarten verlassen, sodass Frauenhäuser darauf ausgerichtet sind, diese Lücke zunächst einmal zu schließen. Schulpflichtige Kinder dürfen sich an liebevoll überlegten Freizeitgestaltungen erfreuen, gerne auch nach Wunsch. In den Schutzhäusern wird Kindern und Jugendlichen eine starke Stimme gegeben. Partizipation ist ein wichtiges Gestaltungsprinzip der deutschen Entwicklungszusammenarbeit.

Betroffene Frauen und Kinder häuslicher Gewalt ist Entsetzliches geschehen, das niemals hätte passieren dürfen. Diesen „Schicksalsschlag" nehmen sich die Mitarbeiterinnen der Schutzhäuser sehr zu Herzen mit der glasklaren Haltung, dass diese Menschen wieder schöne Erfahrungen sammeln können und auch müssen, um neue Hoffnung zu schöpfen.

„Er hat geschrien, dass er mich umbringt. Ich rannte mit meiner Tochter auf dem Arm ins Zimmer und habe die Tür abgeschlossen. Ich konnte nicht weinen, weil ich so Angst hatte. Ich wählte die Nummer der Polizei. Meine Tochter flüsterte mir ins Ohr: „Mama, aua Herz …". (Samantha, 29 J.).Samantha ist eine von vielen Frauen, die täglich diese Form an Gewalt erlebt hat. Wenn das nicht schon schlimm genug wäre, erleben die Kinder diese Intensität der Gewalt wesentlich tragischer. Ich frage Sie, wie lange kann die Kinderseele diesen angstvollen Schmerz tragen? Vielleicht haben Sie Ähnliches erlebt. Vielleicht ist Ihnen jemand bekannt, der sich Ihnen anvertraut hat und sie jetzt gemeinsam nach Lösungen suchen. Welchen Beweggrund Sie auch haben, es ist nicht grundlos, warum Sie dieses Buch gewählt haben. An dieser Stelle ist es gleich, ob Sie Hilfesuchende sind oder Ihre helfende Hand stärken wollen. Häusliche Gewalt geht uns alle etwas an.

Wenn die gewaltbetroffene Frau mit ihren Kindern endlich Mut fasst und die Polizei benachrichtigt, kann sie darauf vertrauen, dass sie es mit hochgradig geschulten Personen zu tun hat. Sie bieten polizeilichen Schutz, wenn die Frau mit ihren Kindern die Wohnung verlassen will. Die Sicherheit der Geschädigten hat oberste Priorität. Entscheidet sich die Frau, in ein Frauenhaus zu gehen, werden die Beamten*innen eine vorherige telefonische Kontaktaufnahme zwischen der Frau und dem Frauenhaus treffen. Dieses Verfahren ist zwingend erforderlich. In der Regel sind tagsüber Mitarbeiterinnen und nachts und am Wochenende Bewohnerinnen am Telefon. In diesem gesamten Prozess werden die Geschädigten sehr einfühlsam begleitet.

Bei einem freien Aufnahmeplatz werden die geschulten Beamten*innen mit den Betroffenen, soweit möglich, am Tage zum vereinbarten Treffpunkt und in der Nacht in Abstimmung mit dem Frauenhaus direkt vor das Eingangstor fahren. Die betroffenen Frauen und ihre Kinder werden sehr freundlich in Empfang genommen. Sie müssen nicht befürchten, dass sie sofort mit einer Flut an Fragen konfrontiert werden. Die Priorität im Frauenhaus liegt in der Sicherheit und der Ruhefindung.

Wenn Frauen sich mit ihren Kindern in Sicherheit gebracht haben, müssen sie oftmals noch einmal in ihre Wohnung zurückkehren, um dort verbliebene persönliche Dinge, wie Papiere, Bekleidung, Schulsachen für die Kinder, Medikamente, technische Hilfsmittel für behinderte Frauen und Kinder zu holen. Die Aufgabe der Mitarbeiterinnen des Frauenhauses als auch der Polizei liegt darin, die Frau bei weiterhin bestehender Gefahr in die Wohnung zu begleiten, um sie zu schützen. Sollte sich der Gewalttätige in der Wohnung aufhalten, stellt die Polizei sicher, dass die Geschädigte ungestört ihre Sachen packen kann. Die Kinder werden solange im Frauenhaus betreut.

9.2   Der sichere Ort

Wenn die Systemschwächsten in einer gewalttätigen Familienatmosphäre aufwachsen, hat dies immer Auswirkungen auf die körperliche, seelische und geistige Kindesentwicklung, die sich im Schutzraum des Frauenhauses ungefiltert abzeichnen können. Am *sicheren Ort Frauenhaus* wird parteilich gearbeitet, d. h., an den Rechten, Bedürfnissen und Interessen der Kinder und ihrer Mütter orientiert. Diese professionelle Vorgehensweise und Begleitung der äußerst belasteten Betroffenen von häuslicher Gewalt bedarf spezieller Angebote. Leitendes Prinzip der Arbeit im Frauenhaus ist eine feministische Grundhaltung, die sich auf dem Bewusstsein der gesellschaftlichen Verhältnisse begründet.

Wenn betroffene Frauen mit ihren Kindern in ein Frauenhaus kommen, besteht in der Trennungssituation zum gewalttätigen Vater ein erhöhtes Verletzungs- und Tötungsrisiko. Aufgrund dieser Tatsache steht die Sicherheit von Kindesmüttern und ihren Kindern für die Frauenhausmitarbeiterinnen an erster Stelle. In einem Gespräch mit einer leitenden Fachkraft eines Frauenhauses wurde aufgrund ihrer Erfahrungswerte sehr deutlich, dass der konsequente Schutz vor Gewalt, nicht nur der Schutz im Frauenhaus, sondern auch im Sorgerechts- und Umgangsverfahren Vorrang haben muss. Aus ihrer Erfahrung werden diese teilweise sehr schnell nach einer Trennung verhandelt, zügig umgesetzt und dabei die gravierenden Risiken nicht beachtet.

An dieser Stelle ist zu bedenken, dass *die Sicherheit des Kindes vorrangig vor dem Recht auf Umgang* behandelt werden muss. Während des gesamten Aufenthaltszeitraumes im Frauenhaus und darüber hinaus haben die Mitarbeiterinnen einen Blick auf die Kindesentwicklung und Versorgung der Kinder zum Schutze des Kindeswohls. Dies geschieht immer in Zusammenarbeit und Transparenz mit der Kindesmutter. Frauenhäuser bieten einen verlässlichen und sicheren Bezugsrahmen und die Möglichkeit zur Orientierung. Alle Frauen und ihre Kinder werden als selbstbestimmte Personen wahrgenommen. Jedes Frauenhauses ist mit der örtlichen Polizei eng vernetzt, sodass sich aus staatlicher Sicht noch ein weiterer „Schutzpanzer" um jedes Frauenhaus befindet.

Die ersten Tage in einem Frauenhaus sind für die Kindesmütter und ihre Kinder äußerst belastend. Die Mitarbeiterinnen stehen in dieser Eingangsphase in sehr engem Austausch mit den „neuen" Bewohnerinnen und ihren Kindern, um sie in ihren Ängsten und bei möglichen „Rückfällen" der Kindesmütter (Überlegungen der Rückkehr zum Täter) intensiv zu begleiten. In den ersten Tagen und Wochen ist es sehr wichtig, dass die Betroffenen zur Ruhe kommen und sich neu orientieren können. Eine Anbindung an die Schule oder den Kindergarten hat in keiner Weise die oberste Priorität, dies erfolgt erst nach einer erkennbaren psychischen und physischen Stabilisierung der Schutzbedürftigen.

9.3 Die Handlungsmöglichkeiten im Frauenhaus bzw. Kinderschutzhaus

Die Fachkräfte des Frauenhauses beachten die speziellen Bedürfnisse der betroffenen Kinder in Einzelkontakten und Gruppenangeboten. Diese pädagogische Arbeit ist maßgeblich, um die von Gewalt betroffenen Schutzbedürftigen mit ihren schwerwiegenden Belastungen kindgerecht zu begleiten, stets im Kontakt mit der sorgeberechtigten Kindesmutter. Vor dem Hintergrund der Gewalterlebnisse ist die Beziehung zwischen der Kindesmutter und ihren Kindern oftmals belastet. Durch das Miteinbeziehen der Mutter in die pädagogischen Angebote des Frauenhauses wirken diese den enormen Belastungen entgegen.

Die Mitarbeiterinnen des Frauenhauses haben den Anspruch, der Kindesmutter und ihren Kindern ein vorübergehendes Zuhause zu schaffen. Es soll ein Ort sein zum Üben und Lernen, um bewusst Gefühle und Bedürfnisse mitzuteilen, Konflikte gewaltfrei zu lösen und eine unabhängige Lebensstruktur zu entwickeln. Vielfältige pädagogische und interkulturelle Materialien/Spielsachen werden je nach Alter eingesetzt. Darüber hinaus werden jede Religion und Herkunft sehr respektvoll und interessiert behandelt.

Erlebte Gewalt, die mit Traumatisierungen einhergeht, kann die Erziehungskompetenz der Kindesmutter zeitweise beeinflussen. An dieser Stelle gilt es, mit hoher

Sensibilität und Empathie eine entlastende Situation für die Kindesmutter zu schaffen. Der Begriff des Empowerments bezeichnet in der Arbeit im Frauenhaus sowohl den Prozess der Selbstermächtigung als auch die professionelle Unterstützung der Kindesmütter und Kinder, ihre Gefühle der Machtlosigkeit zu überwinden und ihre Gestaltungsspielräume und Ressourcen selbstbewusst wahrzunehmen und zu nutzen. Zahlreiche Frauen erfahren meist erst im Frauenhaus, dass sie ihr eigenes Geld zur Verfügung haben und Entscheidungen selbst treffen können und auch müssen.

„Als Frau Z. in das Frauenhaus einzog, wirkte sie wie eine durstige Blume, die nach einigen Wochen zu einer wunderschönen Rose erblühte, – in ihrer gesamten eigenständigen Kraft von Weiblichkeit." (Mitarbeiterin Frauenhaus).

Während des Aufenthaltes im Frauenhaus steht nicht primär im Vordergrund, das Trauma zu verarbeiten, hierfür wird die Kooperation mit entsprechenden therapeutischen Institutionen genutzt. Es ist vielmehr die Aufgabe der Mitarbeiterinnen, für eine Stabilisierung und Orientierung zu sorgen. Zudem haben die Fachkräfte die Handlungsmöglichkeiten, auf anderweitige Institutionen z. B. Logopädie, Ergotherapie, Kinderpsychologie zurückzugreifen. Sofern die Frauenhäuser ein enges Netzwerk geschnürt haben, erfolgt aufgrund der Dringlichkeit eine schnellere Anbindung. Zudem begleiten die Mitarbeiterinnen des Frauenhauses die Betroffenen zur Kita- oder Schulanbindungen. In diesem Zusammenhang wird auf professioneller Ebene die erlebte Gewalttat mit dem Erziehungs-/Lehrpersonal besprochen und wichtige Hinweise auf den Umgang mit den betroffenen Kindern gegeben. Sofern es notwendig ist, wird das Jugendamt zur Hilfestellung gebeten, um intensivere Unterstützungsmöglichkeiten zu installieren (Hilfen nach § 27 ff. SGB VIII). Ein tragfähiges Netzwerk gegen Gewalt zu etablieren, ist das Ziel jedes Frauenhauses, sodass auch nach der Zeit dort die Kindesmutter nicht wieder in die Dynamik von Gewalt abrutscht.

Der Bereich der pädagogischen Arbeit setzt ein enormes Fachwissen und eine Sensibilität der Mitarbeiterinnen voraus und bedarf einer reflektierenden Teamarbeit, Fortbildungen und einer Supervision. Ein gut funktionierendes Team ist gleichzeitig ein präventiver, stützender Bereich, der sich immer positiv auf die Begleitung der Frau und ihrer Kinder auswirkt. In diesem Zusammenhang erspüren die Betroffenen sehr schnell, welches Teamklima herrscht, denn sie sind Meister darin, Spannungsverhältnisse zu erspüren, da sie meist viele Jahren einer spannungsgeladenen Atmosphäre ausgesetzt waren.

Sofern sich die Kindesmutter dazu entscheidet, eine Anzeige gegen den gewalttätigen Ex-Lebenspartner zu schalten, wird auch dieser Prozess durch die zuständige Mitarbeiterin des Frauenhauses begleitet. Zudem hält die Mitarbeiterin des Frauenhauses ihre professionelle „schützende Hand" auch während der Gerichtsprozesse. Die Fachkräfte begreifen Gewalt gegen Frauen und ihre Kinder als eine gesellschaftlich und strukturell verankerte Problematik und treten für den Abbau gewaltverursachender Bedingungen mit ihrer professionellen und persönlichen Haltung ein.

„Wenn ich Frauen und ihren Kindern nicht mehr mit der vollen Kraft meines Herzens helfe, dann bin ich als Mitarbeiterin im Frauenhaus am falschen Platz." (Mitarbeiterin Frauenhaus).

9.4 „Man(n) tötet nicht aus Liebe" – Erfahrungsbericht einer Familie im Frauenhaus

In einem ausführlichen, offenen Gespräch mit einer Kindesmutter und ihren Kindern durfte ich nach ihrer Stabilisierungsphase tiefe Einblicke in die erlebte Gewaltdynamik erhalten, die ich Ihnen im Folgenden ans Herz legen möchte:

„Am Tag der Festnahme meines Ehemannes hatten wir weit im Voraus eine traditionelle, familiäre Feierlichkeit geplant. Sie müssen wissen, dass ich seit 13 Jahren in Deutschland lebe und meinen Ehemann erst am Tag der Hochzeit kennenlernte. Nach bereits 2 Ehejahren erkrankte mein Mann an einer Augenkrankheit, sodass er eine Einschränkung der Sehfähigkeit von 90 % hatte. Er war sehr beeinträchtigt, sodass ich mich nicht nur um meine geliebten vier Kinder kümmern musste, sondern auch noch um die Belange meines Ehemannes. Da ich in Afghanistan die Hochschule besucht hatte, war ich grundsätzlich nicht auf den Kopf gefallen, denn ich wollte Ärztin werden, in Deutschland ein eigenständiges Leben führen und meinen Kindern, vor allen Dingen meiner ältesten Tochter, ein gutes Vorbild sein, dass Frauen alles erreichen können, wenn sie es aus dem tiefsten Herzen wollen und mutig genug sind, sich gegen gewisse traditionelle Ansichten zu wehren. Somit besuchte ich einen Deutschkurs, um meine sprachlichen Kenntnisse in Deutschland zu verbessern. Mit der Zeit wurde mein Ehemann zunehmend eifersüchtiger und kontrollierender. Er hatte mir unterstellt, dass ich eine Affäre führe, mit einem aus demselben Sprachkurs, der Koch war. Ich gebe zu, wir haben uns gut verstanden, denn er begegnete mir sehr respektvoll und wir hatten viele Gemeinsamkeiten, das war für meinen Ehemann ein „rotes Tuch". Es gab Tage, wo mein Mann am Fenster stand und mich genauestens beobachtete. Er überprüfte jeden Schritt, auch den zum Supermarkt oder wenn ich die Kinder in die Schule brachte. An einem Abend hat mein Mann mich vor Zorn gegen die Wand geschubst, unsere Kinder weinten und hatten furchtbare Angst. Es kam so unvorhergesehen, dass ich meine Kinder davon nicht bewahren konnte, die Gewalt an mir mitzuerleben. Das schlechte Gewissen plagt mich bis heute. Seit diesem Zeitpunkt erlebte ich nahezu täglich Gewalt durch meinen Ehemann. Eines Tages mischte sich

meine älteste Tochter ein und sagte ihrem Vater, dass er aufhören solle, ihre Mutter zu schlagen. Worauf er geantwortet hat, dass sie ihre Schnauze halten soll, denn sie werde ohnehin bald verheiratet. Als ich meinen Ehemann darauf ansprach, hatte er bereits alles organisiert, ohne mein Wissen. Es sollte ein 10 Jahre älterer Mann sein. Meine Tochter ist erst 13 Jahre alt und ihr Herz ist so rein, wie das eines Engels. Dieses Gespräch fand eine Woche vor der grausamen Tat statt. Ich konzentrierte mich auf die Feierlichkeit und wir benötigten dringend einen Koch. Schnell fragte ich den Bekannten aus dem Deutschsprachkurs. Er bestätigte seine Anwesenheit auf der Feierlichkeit, worüber ich sehr erleichtert war, denn es wurden hundert Gäste erwartet. Der Raum war bereits geschmückt. Am Tag der Feierlichkeit trudelten nachmittags nach und nach die Gäste ein. Ich hatte mich im Nebenzimmer befunden, um mich um die kalten Speisen zu kümmern. Plötzlich hörte ich großes Geschrei. Schnell eilte ich hinaus und sah den Koch mit blutüberströmtem Gesicht und einem zerfetzen Kopf. Mein Ehemann lief ihm mit einem Hackmesser hinterher, während ein paar Gäste ihn aufhalten wollten. Er schrie wutentbrannt, dass er ihn umbringen werde. Ich hatte den Gedanken, zu meinem Mann zu laufen, aber ich hatte Todesängste. Meine Kinder haben alles mitangesehen. Ich weiß bis heute nicht, wer die Polizei gerufen hat. Die Familienfeier wurde durch die Polizei gestürmt und mein Ehemann wurde umgehend festgenommen. Erst später erfuhr ich, dass er sich in U-Haft befindet. Am Abend legte ich mich herzbebend ins Bett der gemeinsamen Wohnung. Als ich mein Pyjama aus dem Schlafzimmerschrank holen wollte, sah ich ein Messer im Schrank. Zahlreiche Gedanken gingen mir durch den Kopf. Heute weiß ich, dass mein Ehemann nach der grausamen Tat, das Messer für mich bereitgehalten hat, um mich zu töten, denn dies hat er in unseren Konfliktgesprächen und seinen ausgeübten Gewalttaten oftmals wiederholt. Das Jugendamt hat sich schnell bei mir gemeldet, denn es wurde befürchtet, dass die Familie meines Ehemannes zu weiteren Gewalttaten bzw. Mordtaten bereit ist. Zudem wurden meine Kinder in der Schule teilweise hasserfüllt auf die Tat ihres Vaters angesprochen. Das Jugendamt informierte mich über die Möglichkeit, in ein Frauenhaus zu gehen, der ich sehr dankbar entgegenkam, auch wenn meine Kinder mich mit starren Augen ansahen. Aber meine Entscheidung stand fest, dass wir hier keine gute Zukunft haben werden. Im Frauenhaus waren die Mitarbeiterinnen sehr nett. Sie halfen mir und meinen Kindern enorm. Meine Kinder fühlen sich in der Schule und im Kindergarten sehr wohl und haben mittlerweile Freundschaften geknüpft. Mein mittlerer Sohn macht mir ein wenig Sorgen, aber das Jugendamt hilft mir sehr. Von meinem Ehemann haben wir den gesamten Zeitraum nichts mehr gehört. Ich habe mich viele Male gefragt, wie es ihm geht. Wie der gerichtliche Strafprozess wohl weitergeht und ob es meinem Bekannten gut geht. Denn ich hörte, dass er lebensbedrohlich verletzt wurde und ins Koma gefallen ist. Es vergingen einige Monate, da suchte mich die Kriminalpolizei auf. Der zuständige Beamte war sehr emphatisch und war verantwortlich für die weitere Vorgehensweise. Er führte mit mir ein ausführliches Gespräch, dass er aufgenommen hatte. Die Mitarbeiterin des Frauenhauses hatte meine Hand festgehalten und erinnerte mich daran zu atmen, oder etwas zu trinken. Sie sah, dass mein ganzer Körper zitterte und meine Hände sich nicht beruhigen ließen, auch wenn meine Stimme gefestigt war. Wieder vergingen einige Wochen. Plötzlich erhielt ich einen Anruf der Kripopolizei, dass mein Ehemann sich innerhalb der U-Haft das Leben genommen hat. Wie das möglich ist, aufgrund der eigentlich strengen Überwachung ist mir ein Rätsel. Meine Kinder weinten bitterlich, weil sie nun endgültig ihren Vater verloren haben. Aber wenn Sie mich fragen, ich war erleichtert. Die Mitarbeiterin stand mir und meinen Kindern immer zur Seite. Sie glaubte an mich und meine Fähigkeiten. Sie ist ein Engel mit einer enormen Herzenskraft, die ich jeder Frau wünsche. Ich weiß nicht, was ich ohne sie getan hätte. Ihre optimistische, positive Art gab mir neue Energie und Zuversicht, dass alles gut werden würde. Heute lebe ich mit meinen vier geliebten Kindern in aller Ruhe und Harmonie weit weg von dem grausamen Ort. Ich habe es geschafft, und wenn ich es geschafft habe, – dann alle Frauen auf dieser Welt! Mein Mann wollte aus Liebe töten, und letztendlich hat er sich selbst ermordet. Das ist nicht Liebe, das ist Hass, die sehr nah beieinanderstehen."

9.5   Kooperation zwischen Frauenhaus und Jugendamt

Die Kooperation zwischen dem Jugendamt und dem Frauenhaus ist immer fallbezogen, strukturell und prozessual zu betrachten. Die Akteure des Kinderschutzes müssen sich gezielt abstimmen, um einen qualitativen Kinderschutz zu gewährleisten. Die Kooperation muss sich auf die akute Situation von Kindern und Jugendlichen bei Aufnahme in ein Frauenhaus als auch auf das Spektrum möglicher begleitender und anschließender Hilfen, gem. § 27 ff. SGB VIII, für junge Menschen beziehen. An dieser Stelle ist hervorzuheben, dass die Mitarbeiterinnen des Frauenhauses einen intensiven Kontakt zu den Schutzbedürftigen haben und dass eine Einschätzung der meist notwendigen Hilfe zur Erziehung bereits im Vorfeld im Team gut ausgearbeitet wurde.

Eine weitere Unterstützung durch die Jugendhilfe ist in den häufigsten Fällen nach dem Aufenthalt im Frauenhaus zwingend erforderlich. Bis zum heutigen Tag haben noch nicht alle Frauenhäuser Kooperationsverträge mit dem Jugendamt geschlossen, was die Zusammenarbeit maßgeblich behindert und das immer zulasten der gewaltbetroffenen Personen. Die Mitarbeiterinnen des Frauenhauses als auch die Sozialarbeiter*innen des Wächteramtes müssen sich in ihrer gesamten Profession als solches wertschätzen und anerkennen, auch wenn Mitarbeiterinnen des Frauenhauses parteilich arbeiten.

„Das Arbeitsfeld der Unterstützung von Frauen bei häuslicher Gewalt stellt die Frauen als Gewaltopfer in den Mittelpunkt, definiert Gewalt auf dem Hintergrund der Analyse des Geschlechterverhältnisses als Männergewalt und sieht Kinder und Jugendliche als Mitbetroffene in diesem Kontext. Das Arbeitsfeld des Kinderschutzes und der Jugendhilfe stellt Kinder und Jugendliche beiderlei Geschlechts als Gewaltopfer in den Mittelpunkt, definiert Gewalt vor dem Hintergrund des Generationenverhältnisses als Gewalt durch Erwachsene und sieht Frauen als potenzielle Täterinnen in diesem Kontext." (zit. nach Buskotte & Kreyssig, 2013, S. 268)

Der Bezug auf Kinder und Jugendliche mit erheblichen Gewalterfahrungen setzt voraus, dass diese vor einer Wiederholung solcher Erlebnisse geschützt werden müssen und kindzentrierten Angeboten in Frauenhäusern und der Zusammenarbeit von Jugendhilfe und Frauenhäusern eine noch größere Bedeutung zugemessen werden muss (vgl. Kindler, 2013).

Sofern kein Kooperationsvertrag mit dem Jugendamt besteht und teilweise die Leistungen im Rahmen der Jugendhilfe fest verankert sind und finanziert werden, besteht keine Möglichkeit, dass Mitarbeiterinnen des Frauenhauses Jugendhilfeleistungen, nach dem SGB VIII, erbringen können. Nach einer intensiven Anamnese mit den Schutzbedürftigen stellt sich häufig heraus, dass der Minderjährige z. B. einen Erziehungsbeistand, gem. § 30 SGB VIII, benötigt. Diese Jugendhilfeleistung soll den Systemschwächsten bei der Bewältigung von Entwicklungsproblemen möglichst unter Einbeziehung des sozialen Umfelds unterstützen, und unter Erhaltung des Lebensbezugs zur Familie seine Verselbstständigung fördern. Diese Form der Unterstützung ist äußerst bedeutsam, denn der Erziehungsbeistand ermöglicht den Mädchen und Jungen eine positive Vorbildfunktion, Stärkung des Selbstwertgefühls, Erarbeitung von gewaltfreien Konfliktlösungsstrategien, den Aufbau einer vertrauensvollen Beziehung und das Aufbrechen des Schweigens bzgl. der erlebten Gewalt und ihrer Folgen, die sich im Verhalten der betroffenen Kinder widerspiegeln. Die Aufträge an den Erziehungsbeistand, die das Jugendamt bestenfalls mithilfe der Mitarbeiterin im Frauenhauses gemeinsam erarbeitet, können sehr vielfältig sein.

Des Weiteren besteht die Möglichkeit, bereits vor dem Auszug aus dem Frauenhaus in eine eigene Wohnung eine sozialpädagogische Familienhilfe (SPFH) gem. § 31 SGB VIII einzusetzen. Diese Leistung der Jugendhilfe soll durch intensive, in der Regel auf längere Dauer angelegte Betreuung und Begleitung einer Familie diese bei ihren Erziehungsaufgaben, bei der Bewältigung von Alltagsproblemen, Krisen und Konflikten sowie im Kontakt mit Ämtern und Institutionen unterstützen.

Im Kontext häuslicher Gewalt kann die sozialpädagogische Familienhilfe als eine intensive Unterstützungsform durchaus in Betracht kommen. Der Auszug aus dem Frauenhaus in eine gemeinsame Wohnung bringt für die alleinerziehenden Mütter weitere Herausforderungen mit sich. Während im Frauenhaus rundum Betreuung und Begleitung der Familie stattgefunden hat, ist die Kindesmutter mit den Schutzbedürftigen im Prinzip zunächst auf sich allein gestellt, denn der Fachkraft des Frauenhauses wird es nicht gelingen, die Aufträge einer sozialpädagogischen Familie zu erfüllen, – beginnend mit der Fachlichkeit als auch den zeitlichen Kapazitäten.

Betroffene von häuslicher Gewalt benötigen vor allen Dingen nach dem Aufenthalt im Frauenhaus intensive Begleitung und eine weitere Zusammenarbeit, um den Kreislauf der Gewalt zu verstehen, zu erkennen und letztlich auch psychisch zu durchbrechen, damit die Kindesmutter nicht wieder in die Fänge des potenziellen Gewalttäters gelangt.

Ich appelliere an alle Jugendämter, die benannte Notwendigkeit zu berücksichtigen, damit das *neue Familiensystem* sich neu orientieren und eine vertrauensvolle, sichere Perspektive aufbauen kann. Aus meiner Sicht ist es absolut zielführend, wenn Jugendhilfeleistungen zielorientiert und familiensystemisch betrachtet installiert werden, damit die Rückfallquote eines erneuten Gewaltverbrechens erheblich sinkt.

9.6 Wenn der Täter den „sicheren Hafen" durchdringt

Und doch geschieht es immer wieder, dass Frauen zu ihren Männern zurückkehren und erneut um Aufnahme in ein Frauenhaus bitten:

„Aber als ich wieder zu Hause war, wurde alles noch schlimmer. Es reichte aus, dass er miese Laune hatte oder das Wetter schlecht war, dann hat er mir Ohrfeigen verpasst. Wenn er Sex wollte, habe ich das über mich ergehen lassen, damit er nicht wieder ausrastet. Heute frage ich mich, warum ich das alles ertragen habe, aber damals war ich dem Mann hörig und finanziell abhängig. Er hat mich auch stark manipuliert, mir z. B. gesagt, dass die Freunde, die ich hatte, schlecht seien und mir nicht guttun würden. So habe ich nach und nach den Kontakt zu ihnen abgebrochen. Dadurch war er irgendwann der einzige Mensch – neben meinen Eltern –, der mir überhaupt nahestand. Und vor allem hat mein Mann immer gedroht: 'Wenn du mich verlässt, siehst du die Kinder nie wieder.'" (Betroffene/Frauenhaus)

Ich erinnere mich noch sehr gut an eine Frau, die wenige Wochen zuvor in das Frauenhaus gekommen war. Nach ca. einer Stunde offenbarte sie, den Rückweg einschlagen zu wollen, zurück zum gewalttätigen Ehemann. Sie gab an, dass er auf den Koran geschworen habe, sie ab heute gut zu behandeln. Ich erklärte sehr eindrücklich, dass in so kurzer Zeit, sich ein aggressives Verhalten nicht einfach in Luft auflösen könne. Weiter erläuterte ich, wie es zur Gewaltdynamik kommen kann und dass insbesondere Stresssituationen den Gewaltbereiten mit ziemlich hoher Wahrscheinlichkeit in alte Verhaltensmuster zurückwerfen könnten. Dann fuhr ich fort, dass sie es sich bitte überlegen soll. Mehrfach habe ich diese Frau an diesem Tag aufgesucht, um sie emotional zu stützen, denn schließlich hatte sie in der Vergangenheit häufige Frauenhauswechsel erlebt. Am nächsten Morgen stand sie mit gepackten Koffern vor mir und rief sich ein Taxi. Mit dem Wissen, diese Gewaltspirale mit der Rückkehr nicht zu durchbrechen, lief diese junge Frau wieder „in das scharfe Messer".

Doch was geschieht, wenn vor dem Schutzraum der Frau und ihrer Kinder plötzlich der Täter vor der Tür steht und mit einer Axt versucht, hineinzukommen?
Es ist durchaus möglich, dass der Täter von dem Standort seiner Frau erfährt. Zum Beispiel kann es vorkommen, dass die Kinder in einem derartigen Loyalitätskonflikt verhaftet sind, dass sie ihrem Vater die Adresse mitteilen, nachdem er sich wochenlang von seiner Honigseite gezeigt hat. Die Kinder fassen Vertrauen und die Sehnsucht nach der „heilen Familie" scheint ganz nah. Oder die Kinder benutzen die Bekanntgabe der Adresse als Druckmittel, wenn die Kindesmutter ihren erzieherischen Kompetenzen in Form von konsequentem Verhalten standhält. Kinder können aufgrund ihres Entwicklungsstandes die Gefahr nicht einschätzen. Sie haben nicht die leiseste Ahnung, in welche Situation sie ihre Mutter und andere Schutzbedürftige bringen.

Alle Mitarbeiterinnen des Frauenhauses sind in erster Linie exakt für diese Situationen geschult und wissen jeden „Handgriff", um die betroffene Frau mit ihren Kindern vor dem Täter, auch in diesen Situationen, zu schützen. Einige Frauenhäuser sind durch einen Alarmknopf oder ein telefonisches Signal mit der Polizeistation verbunden. Sobald der Anruf bei der Polizei wahrgenommen wird – und da genügt nur ein Anklingeln –, werden die Beamten*innen sofort reagieren. Sobald der Täter vor dem Schutzhaus die Frau bedroht, werden die Mitarbeiterinnen des Frauenhauses sofort nach einem anderen Schutzhaus für die Kindesmutter und ihre Kinder suchen. Dass die betroffenen, gefährdeten Personen noch im selben Haus verbleiben, wäre hochgradig fahrlässig.

„Mein geliebtes Kind, heute ist wichtig, dass wir beschützt sind. Heute sind wir hier und fangen ein Leben ohne Angst an." (Nathalie S., 35 J.).

Täterarbeit mit männlichen Tätern häuslicher Gewalt

10

„Täterarbeit ist Opferschutz. Ziel ist es immer, erneute Gewaltausübungen zu verhindern, um so geschädigte Frauen und ihre Kinder zu schützen, als auch die gesellschaftliche Problematik häusliche Gewalt präventiv zu bekämpfen." (Nathalie Sabas)

Grundsätzlich ist Gewalt ein äußerst unheimliches, schreckliches Handlungsmittel, um ureigenste Interessen mit aller Macht durchzusetzen, Angst zu verursachen und „Auserwählte" massiv zu verunsichern. Gewalt hat es schon immer gegeben und wird es immer geben. Ein grauenvolles, gesellschaftlich problematisches System, dem wir uns zwingend intensiv annehmen müssen. Täter haben eine Geschichte, auf der sie sich nicht ausruhen dürfen.

10.1 Gewaltausbrüche kontrollieren und abbauen

Wo Opfer sind, sind auch Täter. In den letzten 20 Jahren, haben sich die Täterprogramme bei häuslicher Gewalt in Deutschland weit entwickelt und zielen auf eine Verringerung des weiteren Schädigungsrisikos durch Bearbeitung der Gewaltdynamik bzw. Gewaltproblematik ab. Häufig bagatellisieren Kindesväter die erlebte Gewalt ihrer Kinder, sodass innerhalb dieser Programme die Gewaltproblematik auch in enger Verbindung mit väterlicher Verantwortung für die Schutzbedürftigen thematisiert werden. Die seit Mitte bis Ende der 1980er-Jahre in Deutschland praktizierten, spezialisierten Täterprogramme sind darauf ausgerichtet, die gewalttätigen Kindesväter bzw. Männer zur Übernahme von Verantwortung und Aufgabe ihres schädigenden Verhaltens zu bewegen. Erreicht werden sollen diese Ansätze durch Konfrontation der Teilnehmer mit ihren Gewalt rechtfertigenden und entschuldigenden Verhaltens-

N. Sabas, *Häusliche Gewalt*, https://doi.org/10.1007/978-3-658-44151-7_10

mustern und Vermittlung von alternativen Problemlösungsstrategien, die das gewalttätige Verhalten dauerhaft ersetzen (vgl. Liel & Hainbach, 2013a). Die Teilnehmer sollen in dieser Form des Training lernen, Verantwortung für ihr Handeln zu übernehmen,
um aus dem Kreislauf der Gewalt auszubrechen, indem sie Ärger- und Belastungs-
signale frühzeitig wahrnehmen und verinnerlichen, um gewaltfrei zu handeln. Zwei
zielführende Ansätze von Täterarbeit greifen Beziehungswahrnehmungen und Denk-
weisen von Gewalt in der Partnerschaft auf, und lassen sich wie folgt differenzieren:

Der eher *psychoedukative Ansatz* thematisiert die Einbindung von Partnerschaftsgewalt in gesellschaftliche Muster, wie männliche Kontrolle und Machtausübung gegenüber Frauen. Ein zweiter eher *verhaltensorientierter Ansatz* analysiert
die individuelle Funktionalität und widersprüchliche Logik des Gewaltverhaltens.

Beide Ansätze setzen eine Zusammenarbeit mit Institutionen der Strafverfolgung, Frauenunterstützung und des Kinderschutzes voraus. Des Weiteren wird in
Deutschland mit Gewalttätern sowohl in der Ehe- und Familienberatung als auch
innerhalb der Psychotherapie und Psychiatrie gearbeitet. Zudem gibt es unterschiedliche Zugangswege, um an einem Täterprogramm teilzunehmen. Selbst-
melder haben eine höhere Eigenmotivation, oftmals aus Angst vor strafrechtlichen
Sanktionen, vor der Trennung der Partnerin und dem Verlust des Umgangs mit
ihren Kindern. Allerdings ist dieser Anteil sehr gering. Häufiger beziehen Täterprogramme in Deutschland ihr Klientel über strafrechtliche Beratungsauflagen.
Damit sind die staatsanwaltschaftlichen oder gerichtlichen Auflagen, gem. § 153a
StPO, der in Deutschland überwiegend genutzte Überweisungsweg. Diese gehen
mit einer Verfahrenseinstellung einher und sind an enge Erfüllungsfristen von in
der Regel 6 Monaten geknüpft. Ein Überweisungsweg kann ebenfalls in Verfahren
zur Regelung des Sorge- und Umgangsrechts, gem. § 156 I FamFG, und in Verfahren bei der Gefährdung des Kindeswohls, gem. § 1666 III BGB, aufgelegt werden.

Schwerpunkte von Täterprogrammen nach dem Standard der Bundesarbeits-
gemeinschaft Täterarbeit Häuslicher Gewalt e. V.:

- *Auseinandersetzen mit dem Gewaltbegriff und mit Gewalthandlungen:* Gewalttätige Männer sollen sensibilisiert werden für die unterschiedlichen Gewaltformen und sollen ihr individuelles Gewaltverhalten innerhalb der Partnerschaft
  erkennen und benennen, mit dem Ziel, die Gewalt von angemessenem Konfliktverhalten abzugrenzen.
- *Tatrekonstruktion (Gewaltschilderung):* Unverzichtbar ist die detailgenaue
  Schilderung der grausamen Gewalttaten und Gewaltsituationen durch den Gewalttäter und die Konfrontation mit seinem Gewalthandeln. Hier ist das Ziel,
  dass der Täter seine verschiedenen Motive, seine Verantwortung und seine
  Handlungsalternativen zu unterschiedlichen Zeiten des eskalierenden Konflik-

tes erkennt. Diese Schilderung der Tat beinhaltet den Wechsel der Perspektive zu den betroffenen Frauen und Kindern.

- *Auswirkung der Gewalt und Opferfolgen:* Das Täterprogramm richtet einen Fokus auf die kurzfristigen und langfristigen Folgen für die geschädigten Frauen und ihre Kinder. Damit ist die psychische und physische Schädigung gemeint.
- *Gewaltfreie Handlungsstrategien:* Durch Verinnerlichung gewaltfreier Handlungsstrategien soll die soziale und kommunikative Kompetenz der Teilnehmer gestärkt werden. Das Ziel ist es, die eigenen Gefühle und Bedürfnisse zu erkennen und angemessen zum Ausdruck bringen zu können.
- *Ausarbeitung von Notfallplänen:* Ein Ausarbeiten, Reflektieren und Anwenden von Notfallplänen dient der Vermeidung von Rückfällen. Jeder Teilnehmer legt individuelle und realistische, alltagstaugliche Ausstiegsmöglichkeiten für kritische Konfliktsituationen in seinem Umfeld fest, reflektiert diese in der Gruppe und praktiziert sie im Alltag.
- *Kommunikationsmuster:* Die Teilnehmer erhalten die Möglichkeit, aktuelle Konflikte und Themen aus ihren Partnerschaften zu reflektieren. Ziel ist es, Kommunikationsstrukturen in ihren Partnerschaften herauszuarbeiten und auf eskalationsfördernde Muster zu überprüfen.
- *Männer- und Frauenbilder:* Männer sollen lernen, sich mit der eigenen Konstruktion von Gewalt, Männlichkeit, Macht und Ohnmacht auseinanderzusetzen und ihr Verhältnis zum allgemeinen Frauenbild zu hinterfragen.
- *Väterliche Verantwortung:* Die Teilnehmer sollen vor diesem Hintergrund sich mit ihrer Verantwortung und ihren Grenzen in der Elternrolle als Vater auseinandersetzen. In diesem Zusammenhang sollen die Auswirkungen der grausamen Gewalttaten auf die Kinder erkannt, und die Beziehung zu ihren Kindern und der Haltung gegenüber der Kindesmutter verbessert werden.
- *Eigene Opfererfahrungen:* In diesem Raum besteht die Möglichkeit, dass jeder Mann seine eigenen Opfererfahrungen reflektieren kann. Ziel ist, den Zugang zu den eigenen Gefühlen und die Empathiefähigkeit zu verbessern. Eigene Opfererfahrungen rechtfertigen niemals Gewalttaten bzw. Gewaltverhalten.

Wenn wir uns an dieser Stelle das Gewaltverbrechen an Kindern ansehen, werden von Vätern häufig die schwerwiegenden Verletzungsfolgen der Kinder massiv verleugnet. Während meiner Amtsjahre äußerte ein Kindesvater, dass die Kindesmutter die Verletzungen des Kindes provoziert habe oder es sogar als Konfliktmittel eingesetzt habe. *Rechtfertigung* und *Selbstentlastungsstrategien* sind Bestandteil des Verhaltensproblems von Partnerschaftsgewalttätern, die durch Reflexion der Eigenverantwortung, d. h. der väterlichen und Mannesverantwortung, durchbrochen werden müssen.

10.2   Anti-Gewalt-Training zur Impuls- und Selbstkontrolle

Ein Täter- oder soziales Trainingsprogramm ist eine kognitiv-verhaltensorientierte Maßnahme für in Partnerschaften gewalttätige Männer. Verhaltensänderung soll mit den Mitteln von Konfrontation, Beratung und sozialer Unterstützung erreicht werden. Das Täterprogramm, auch gerne im Volksmund „Anti-Gewalt-Training" oder „Anti-Aggressions-Training" genannt, weist einige Zulassungs- und Ausschlusskriterien auf, die aus meiner Sicht mit der Entwicklung der Gesellschaft immer wieder neu konzipiert werden müssen, vor allen Dingen aufgrund der steigenden Zahl der Zuwanderung. Ob die Eignungs- und Ausschlusskriterien für das Täterprogramm erfüllt sind, entscheiden die Fachkräfte der Täterarbeit nach Einzelfallprüfung.

In ein Täterprogramm werden nur Männer aufgenommen, die:

- ihre Tat eingestehen,
- ein Mindestmaß an Mitarbeitsbereitschaft zeigen,
- gruppenfähig sind.

Wird ein Kriterium nicht erfüllt, muss die Zulassung zum Programm verweigert werden. Zudem ist zu prüfen, ob folgende Kriterien einer Programmaufnahme entgegenstehen:

- behandlungsbedürftige Suchtmittelabhängigkeit,
- psychiatrische Erkrankung,
- Suizidalität,
- fehlende Sprachkenntnisse,
- unzureichendes kognitives Verständnis.

Die Arbeit mit gewalttätigen Kindesvätern bzw. Männern beinhaltet die Auseinandersetzung mit psychischer, physischer, sexualisierter, sozialer, emotionaler und ökonomischer Gewalt, Isolation, Stalking, Bedrohung und Einschüchterung als auch mit gewaltfördernden Haltungen und Glaubenssätzen. Das Kernziel ist: keine erneute Gewaltausübung! Die Gewaltspirale muss schnell und nachhaltig unterbrochen werden (vgl. Bundesministerium für Familie, Senioren, Frauen und Jugend, 2021). Wenn ein Gewalttäter Einsicht zeigt, wird er sich folgende Frage stellen: *„Wie erlerne ich Selbstkontrolle?"*

Das ist Ziel des Täterprogramms bzw. des lösungsorientierten Ansatzes auch in therapeutischen Institutionen. Es ist Ziel, dass massiv impulsgesteuerte Männer im Kontext häuslicher Gewalt *ein Ventil finden, wie sie ihre Impulse kontrollieren* können.

Als Störung der Impulskontrolle oder Impulskontrollstörung wird in der Psychiatrie und der klinischen Psychologie ein Verhaltensablauf bezeichnet, bei dem ein als unangenehm erlebter Anspannungszustand durch ein bestimmtes, impulsiv ausgeübtes Verhalten aufgelöst wird.

Nach der Beschreibung in der 10. internationalen Klassifikation der Krankheiten (ICD-10) ist es „durch wiederholte Handlungen ohne vernünftige Motivation gekennzeichnet, die nicht kontrolliert werden können und die meist die Interessen des betroffenen Patienten oder anderer Menschen schädigen". Das impulsive Verhalten wird automatisch ausgeführt. Ein innerer Drang besteht. Es wird zwar bewusst erlebt, kann aber willentlich nicht oder nur schwer verhindert werden. Impulskontrollstörungen können somit als Volitionsstörung aufgefasst werden, oder – in neuropsychologischer Perspektive – als Störung der exekutiven Funktionen. Impulsivität ist demnach ein weiterer Themenschwerpunkt in einem Anti-Gewalt-Training.

Wer seine Impulsivität unter Kontrolle hat, trifft rationalere Entscheidungen. Impulskontrolle bedeutet folglich, dass der Mensch in der Lage ist, seine Emotionen und Reaktionen auch in angespannten Situationen bestmöglich zu kontrollieren und sein Handeln und die Konsequenzen zügig zu reflektieren. Im Kontext häuslicher Gewalt wird die fehlende Impulskontrolle in den meisten Fällen zu einem psychischen Problem. Die Betroffenen leben in einem permanenten Spannungszustand. Und die Spannungen entladen sich von Zeit zu Zeit in impulsiven Handlungen. Gewalttätige Männer müssen bestimmte Handlungen (fast schon) zwanghaft und jederzeit ausführen, um diese toxische Energie zu entladen, und lassen sich von ihren (verzerrten) Gefühlen mitreißen.

In einem Gespräch mit einem Anti-Gewalt-Trainer durfte ich folgenden Einblick in seine persönlichen SOS-Tipps gegen unkontrollierte Impulsivität bzw. Wut haben, die ich Ihnen gerne an dieser Stelle offenlegen möchte, – mit der Betonung, dass dies ein hartes Training für die Teilnehmer in einem Täterprogramm ist.

- *Weggehen:* Das ist der wichtigste SOS-Tipp: Die Situation zu verlassen. Man(n) sollte aus der Situation und von dem Menschen weggehen, der die Wut bei einem ausgelöst hat. Vor allen Dingen hilft ein Ortswechsel, wenn die innere Anspannung kaum mehr auszuhalten scheint. Sinnvoll ist es, z. B. an die frische Luft zu gehen, – in die Stille. Bewegung und Sport bewirken ebenfalls wahre Wunder der Entspannung. Wenn Suchtabhängige allerdings weggehen, um sich zu betäuben, wird die Impulsivität bei Rückkehr nur noch verstärkt.
- *Wuttagebuch:* Wutanfälle werden oft durch Trigger ausgelöst. Betroffene werden an frühere, auch unbewusste (Kindheits-)Situationen erinnert, in denen sie sich hilflos oder ohnmächtig gefühlt haben. Es handelt sich immer um bestimmte Reize, z. B. Lautstärke, einen bestimmten Geruch, Reizworte, eine

Geste oder die Art zu sprechen etc. Ein Wuttagebuch kann helfen, die eigenen Verhaltensmuster besser zu verstehen. Dieses gibt dem Anti-Gewalt-Trainer eine äußerst wertvolle Handhabung, sodass er mit dem Betroffenen intensiver zusammenarbeiten kann.

- *„Was tut mir gut?"*: Die gewalttätigen Männer haben mit der Zeit den Fokus auf das wahre Glück des Lebens verloren. Suchtmittelmissbrauch, psychische Belastungen bzw. Uneinsichtigkeit bezüglich einer psychischen Erkrankung etc. führten zu einer drastischen Verschlimmerung der Impulslosigkeit, bis es letztendlich zu grausamen Gewaltangriffen an Frauen und/oder Kindern gekommen ist. Die Experten der Täterarbeit arbeiten explizit auch an dieser Thematik, die äußerst viel Fingerspitzengefühl auf der Ebene der „gesunden Manneskraft" fordert.

Hilfen für betroffene Kinder und Frauen

11

Ein Kind, das an der Supermarktkasse von Mutter oder Vater geohrfeigt wird, würde heute in aller Wahrscheinlichkeit sofortige Hilfe erhalten. Doch hinter verschlossenen Türen, im privaten Lebensumfeld, ist das noch längst nicht garantiert. Deshalb braucht es Menschen, die diese grausame familiäre Situation der Kinder wahrnehmen, sie ernst nehmen und Hilfe organisieren – und das über fachlich fundierte Hilfsangebote.

Um gravierende Folgeschäden nach Partnerschaftsgewalt zu verhindern, ist es wichtig, Gewalt möglichst rasch und dauerhaft zu beenden, Bezugspersonen bei der Bewältigung ihrer eigenen Belastung und der Fürsorge zu unterstützen, und Kindern Hilfestellung beim Verständnis des Geschehens, dem Umgang mit ihren Gefühlen und dem Abbau entstandener Auffälligkeiten und Beeinträchtigungen zu gewähren. Da positive Bindungserfahrungen die soziale Entwicklung von Kindern unterstützen, kann in der Praxis im Fall einer Elterntrennung und eines Verbleibs von Kindern beim gewaltbetroffenen Elternteil ein wichtiges Ziel darin bestehen, eine Reorganisation der Mutter-Kind-Bindungsbeziehung (bzw. Vater-Kind-Bindungsbeziehung) zu fördern. Je nach Familienfall können dafür Maßnahmen sinnvoll sein, die die Sicherheit des gewaltbetroffenen Elternteils erhöhen, vorhandene psychische Belastungen abbauen oder positive Interaktionen mit dem Kind direkt unterstützen. Einige Konzepte, die diesen Ansatz verfolgen, wurden bereits erprobt, allerdings ist festzuhalten, dass das Unterstützungssystem bei häuslicher Gewalt nicht allein für ein begründetes Gefühl von Sicherheit sorgen kann, da etwa – je nach erlittener Gewaltform – Umgangskontakte stark verunsichernd wirken können. Insbesondere die Befunde zu den Folgen miterlebter Partnerschaftsgewalt für die psychische Gesundheit von Kindern und Jugendlichen sind wichtig (vgl. Kindler, 2020a, S. 5 f.).

© Der/die Autor(en), exklusiv lizenziert an Springer Fachmedien Wiesbaden GmbH, ein Teil von Springer Nature 2024
N. Sabas, *Häusliche Gewalt*, https://doi.org/10.1007/978-3-658-44151-7_11

Ein Hilfe- und Unterstützungssystem bei häuslicher Gewalt zielt sowohl auf die gesundheitliche Versorgung und Therapie als auch die Unterstützung durch die Kinder- und Jugendhilfe. Das gesamte Hilfssystem ist bestens geschult darin, die Folgen von Partnerschaftsgewalt vor allen Dingen auf die psychische Gesundheit von Kindern zu erkennen und notwendige Interventionen einzuleiten. Diese sollten 3 Elemente beinhalten:

1. Eine frühe Intervention und nachhaltige Begleitung zur Vermeidung erneuter Partnerschaftsgewalt.
2. Ein qualifiziertes Unterstützungs- und Behandlungssystem für Mütter (bzw. Väter), das über die ebenfalls wichtigen Schutzräume und -maßnahmen hinausgeht.
3. Kindbezogene, niedrigschwellige Angebote zum Umgang mit belastenden Gefühlen und dem Verständnis der Gewalt sowie qualifizierte Behandlungsangebote, um eine Verfestigung psychischer Auffälligkeiten zu verhindern. Frauen und Männer, die von Gewalt betroffen sind, brauchen schnelle, unbürokratische Hilfe sowie qualifizierte Beratung und Unterstützung (vgl. Kindler, 2020a).

11.1 Hilfsangebote für Kinder und Jugendliche

Jedes Kind hat das Recht auf gewaltfreie Erziehung durch seine Eltern und Bezugspersonen. Mit *häuslicher Gewalt* wird Kindern und Jugendlichen unfassbares Leid angetan. Bei Problemen und Sorgen im häuslichen Umfeld sollten Sie sich dringend Hilfe und Unterstützung holen, um den Grausamkeiten endlich ein Ende zu setzen. Wichtige Anlaufstellen sind:

- Das Kinder- und Jugendtelefon 116 111, der *„Nummer gegen Kummer"*, anonym und kostenlos montags bis samstags zwischen 14–20 Uhr erreichbar.
- Per E-Mail unter www.nummergegenkummer.de. Chat-Beratung montags bis donnerstags von 14–18 Uhr. Bei der Mail-Beratung können Kinder und Jugendliche jeden Tag rund um die Uhr ihre Sorgen und Ängste offenbaren.
- Das örtliche Jugendamt, der Kinderschutzbund, die Mädchenberatungsstelle etc.
- Die Kontaktaufnahme über den Polizeinotruf 110.

11.2 Hilfs- und Beratungsangebote für betroffene Frauen

Frauen, denen Gewalt widerfahren ist, erleiden folglich einen Verlust der Kontrolle über den eigenen Körper und Geist. Die unfassbare leidvolle Erfahrung verändert das Selbstgefühl, die innere *Gesundheitsstruktur* und vertrauensvolle Beziehungen zu anderen. Das Bestreben der schützenden und unterstützenden Fachkräfte sowie der Institutionen sollte daher sein, die geschädigte Frau zu unterstützen, sie nicht nur vor weiterer Gewalt zu schützen, sondern auch ihren Handlungs- und Lebensspielraum zu erweitern, die zuvor beeinträchtigte Freiheit wiederherzustellen, und in Familien förderliche Erziehung zu ermöglichen und Schwieriges zu verarbeiten. Es ist notwendig, die Sichtweise positiv zu verstärken, d. h. eine Aussicht auf (Rückgewinnung von) Selbstvertrauen und eine realistische Lebensdarstellung und Lebenshoffnung auf positive Veränderung.

Betroffene Frauen von häuslicher Gewalt, können zu jedem Zeitpunkt folgende Hilfsangebote wahrnehmen. Je früher die unterstützenden Angebote des „Gewaltschutzes" aufgesucht werden, desto schneller kann die sich immer verschärfende Gewaltdynamik gelöst und gravierende Folgeschäden auf Erwachsenenebene, aber vor allen Dingen auf Kinderebene verhindert werden.

Frauenberatungsstellen

In den Frauenberatungsstellen erhalten betroffene Frauen umfassende Beratung zu allen aktuellen Lebensthemen. Betroffene Frauen werden dort anonym und kostenlos beraten und unterstützt. In den Beratungsstellen arbeitet hoch qualifiziertes Fachpersonal, die oftmals unterschiedlicher Herkunft sind, mit entsprechenden Fremdsprachenkenntnissen, um das Hilfsangebot auch für Frauen mit Migrationshintergrund passgenau anzubieten. Die persönliche, anonyme Beratung wird zu den Öffnungszeiten und nach Terminabsprache angeboten, ansonsten auch in einer telefonischen Beratung. Zudem können auch weitere Hilfsangebote über das intensive Netzwerk zwischen der Frauenberatungsstelle und anderen Hilfsangeboten, wie z. B. mit dem Frauenhaus, hergestellt werden, – immer in gemeinsamer Zusammenarbeit mit und in Transparenz für die betroffene Frau.

Hilfetelefon „Gewalt gegen Frauen"

Das Hilfetelefon „Gewalt gegen Frauen" ist 365 Tage im Jahr, 24 h am Tag, kostenfrei per Telefon, E-Mail oder Chat erreichbar.

Es berät betroffene Frauen zu allen Formen von Gewalt. Ängste und Sorgen zu häuslicher Gewalt, sexualisierter Gewalt, Zwangsheirat, Menschenhandel oder Genitalverstümmelung werden anonym, vertraulich und mithilfe von Dolmetscherinnen beraten. Die Fachkräfte sind psychologisch geschult und finden gemeinsam mit den betroffenen Frauen immer eine Lösung. Auch unterstützende vertrauenswürdige Angehörige und Fachkräfte können sich an das Hilfetelefon wenden. Telefonnummer: 08000 116 016, www.hilfetelefon.de

Frauenhäuser

Frauenhäuser sind eine geschützte, vorübergehende Wohnmöglichkeit für Frauen jeder Nationalität mit und ohne Kinder. Nach telefonischer Absprache können Frauen und Kinder rund um die Uhr aufgenommen werden. Der Aufenthalt im Frauenhaus ist bspw. in Berlin kostenlos. Die Frauen verpflegen/versorgen sich und ihre Kinder selbst. Die Adressen der Frauenhäuser sind anonym. Die Frauen werden umfassend beraten und unterstützt. Männer, auch männliche Mitarbeiter, haben keinen Zutritt zum Frauenhaus. Frauen, die offensichtlich suchtmittelabhängig, psychisch krank oder obdachlos sind, können nur nach Absprache mit dem Frauenhaus aufgenommen werden. Der Kontakt zum Frauenhaus bzw. die Aufnahme kann durch die Polizei, das Jugendamt, die kostenlose Rufnummer Hilfetelefon „Gewalt gegen Frauen" 08000 116 016 erfolgen.

11.3   Untersuchungsstelle für Opfer häuslicher Gewalt

Verletzungen zu erkennen, zu interpretieren und gerichtsverwertbar sorgfältig zu dokumentieren sowie Spuren zu sichern, ist Kernkompetenz rechtsmedizinischer Tätigkeit, damit diese vor Gericht verwertbar sind. Seit vielen Jahren bieten rechtsmedizinische Institute ihr Know-how bei der Versorgung von Opfern häuslicher Gewalt an. Die Kooperation mit anderen Professionen „auf Augenhöhe" und Kenntnisse über die Strukturen vor Ort ermöglichen eine gute (weitere) Betreuung von Opfern. In jeder Stadt unterstützen Rechtsmediziner*innen Frauen und Kinder, die von häuslicher Gewalt betroffen sind.

11.4   Beratungsangebote für Fachkräfte

Fachkräfte können sich ebenfalls an das Hilfetelefon „Gewalt gegen Frauen" wenden und sich fallbezogen beraten lassen. Des Weiteren ist ebenfalls eine Kooperation mit der Rechtsmedizin gewünscht, um schon frühzeitig in Klärung gehen zu

können. Darüber hinaus können sich Lehr- und Erziehungskräfte an die Frauenberatungsstelle oder an das Jugendamt wenden, denn sie arbeiten täglich mit
Frauen und Kinder, die von häuslicher Gewalt betroffen sind. Auch wenn ein Verdacht besteht. Ein Fachaustausch ist äußerst wichtig, um beim erhärteten oder akuten Verdacht das Kind umfassend zu schützen. Hierfür braucht es ein multi-
dimensionales Netzwerk.

11.5   Handzeichen als Hilferuf bei häuslicher Gewalt

„Dieses Handzeichen half unzähligen Frauen und Mädchen, das sollte jeder kennen
(Abb. 11.1)!"

Geheime Zeichen erkennen und anwenden (Signal for Help)
Die kanadische Organisation *Canadian Women's Foundation* hat das Handzeichen
(„signal for help") ins Leben gerufen. Seitdem verbreitet es sich viral durch die sozialen Netzwerke. Allerdings bedeutet das Signal nicht automatisch: Ruf die 110!
Die betroffene Person möchte damit verdeutlichen, dass sie auf sicherem Wege
kontaktiert werden möchte. Die Stiftung rät nur dazu, den lokalen Notruf zu wählen, wenn sich jemand in akuter Gefahr befindet.

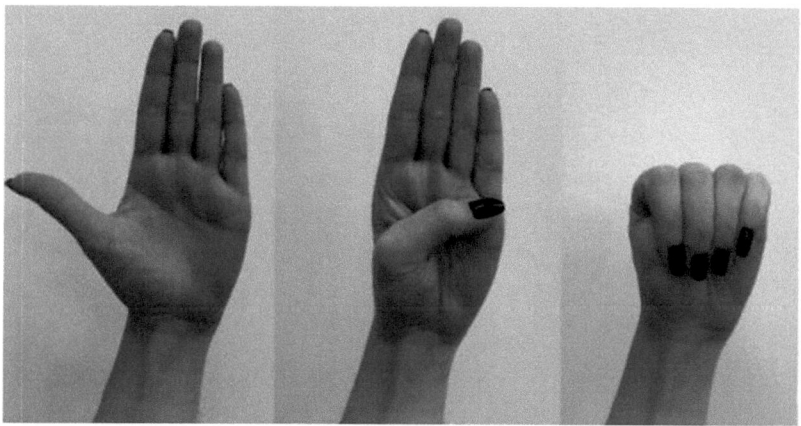

Abb. 11.1   Das Handzeichen bei häuslicher Gewalt („signal for help"): Handfläche zeigen,
den Daumen quer über die Handfläche legen, übrige Finger über den Daumen falten, – wieder öffnen usw. (Quelle: SAT.1 REGIONAL)

Das Handzeichen wird auch bei Tätern immer bekannter. Betroffene Frauen und Kinder, die Gewalt erfahren, werden häufig von dem Gewalttäter streng überwacht. Hilfesuchende haben mit dieser Einhandgeste eine weitere Möglichkeit, aus der Gewaltspirale zu entkommen, auch wenn sie noch nicht in der Lage sind, über die erfahrenen Grausamkeiten zu sprechen. Es ist wichtig, dass betroffene Frauen und Kinder sich Hilfe suchen, wenn sie sich bereit dafür fühlen und zwar auf die Art und Weise, wie es am sichersten für sie ist. Ihnen gegenüber sollten Menschen sein, die ihnen helfen – ohne Wertung oder Verurteilung –, denn ihr Vertrauen wurde vollkommen zerstört.

Eine glückliche Partnerschaft leben

12

„Toleranz, Liebe und Respekt sind die Säulen der Partnerschaft." (Nathalie Sabas) Eine glückliche Partnerschaft basiert auf Vertrauen, Hingabe und Leidenschaft. Eine glückliche Beziehung hängt von unterschiedlichen Faktoren ab, wie z. B. die eigene Selbstliebe und Zufriedenheit. Denn wenn das eigene Herz zufrieden und erfüllt ist, wird eine glückliche Beziehung im Vertrauen entstehen. *„Wer bist du, wenn niemand zusieht?"* Eine Frage, die uns die eigene Wahrheit über das eigene Selbst deutlich erkennen lässt. Menschen denen unfassbares Leid angetan wurde, haben einen enormen Vertrauensverlust erlitten. Vor diesem Hintergrund ist es wichtig, seinen ganz persönlichen Rhythmus zu finden, um eine neue Beziehung überhaupt erst eingehen zu können. Denn so lange das Herz noch zerrüttet ist, besteht die Gefahr, sich in wiederholenden Verhaltensmustern wiederzufinden. Liebe ist schön, – aber sobald wir anfangen, uns dafür selbst aufzugeben, wird es gefährlich. Jede Frau sollte sich ihre eigene Kindheit ansehen. In fast allen Fällen liegt die Ursache *in der Angst, abgelehnt* zu werden, wie damals auch als Kind. Das Gefühl der Ablehnung schwingt immer im Unterbewusstsein mit und bedarf erhöhter Aufmerksamkeit. Vor allen Dingen Frauen, die von häuslicher Gewalt betroffen sind, führen mit unterschiedlichen Strategien einen Kampf um Liebe, um zu gefallen, obwohl es der tieferen inneren Wahrheit entgegenstrebt. Was wirklich heilt, ist der Entschluss, in die eigene Selbstliebe zurückzukehren und die dunklen, verletzten Anteile zu integrieren, die in dem persönlichen Kampf nach Liebe und Bestätigung immer wieder angefeuert werden. Diese Bedürftigkeit ist in letzter Konsequenz nur eine tiefere Sehnsucht der Seele nach Verbundenheit mit dem eigenen „Ich".

Bereits in der Kindheit werden dem jungen Menschen Gefühls- und Glaubensmuster eingetrichtert, dass er nur dann liebenswert sei, wenn er sich zurücknimmt und all sein Handeln und Streben nach den Bedürfnissen und Erwartungen seines

© Der/die Autor(en), exklusiv lizenziert an Springer Fachmedien Wiesbaden GmbH, ein Teil von Springer Nature 2024
N. Sabas, *Häusliche Gewalt*, https://doi.org/10.1007/978-3-658-44151-7_12

Umfeldes ausrichtet. Und genau an dieser Stelle befinden wir uns an der Wurzel der Selbstwertblockaden. In einem konsequenten Training gelingt es dem erwachsenen Menschen, seinen inneren wahrhaftigen Empfindungen zu lauschen und das Gefühl für sich selbst zur Leitlinie für die eigene Beziehungen zu erheben. Liebevolle Partnerschaft setzt immer eine liebevolle Beziehung mit sich selbst voraus, so gelingt es schnell, herauszufinden, ob die Begegnung mit einem Mann von kurzer Dauer ist oder ob eine von Grund auf liebevolle, respektvolle Basis entstehen kann. Wenn wir unsere eigenen Themen und Schwachstellen nicht annehmen, werden wir verhaftet bleiben in dem Kreislauf des Schattens. Das was bleibt, ist die Sehnsucht nach dem *Liebeslicht*, – ein Leben lang. Wir müssen Verantwortung für unser Handeln übernehmen, denn das sind wir unseren geliebten Kindern, die unfassbares Leid zwischen Mutter und Vater erlebt haben, schuldig.

Ein Blick in die Zukunft

Kinder fühlen sich verantwortlich für das, was in ihrem eigentlichen Schutzraum geschieht. Vor diesem Hintergrund muss den *„Sternen unserer Zeit"* deutlich gemacht werden, dass sie keine Schuld für das Verhalten ihrer Eltern haben. Es ist eine gesellschaftliche Kern- und Daueraufgabe, Gewalt niemals zuzulassen. Auf dem gesamten Globus erleben Kinder unfassbares Leid, vor dem die Systemschwächsten sich nicht allein schützen können. Wenn wir uns die Statistik aus dem Jahr 2022 zum Thema häusliche Gewalt ansehen, wird uns das gesellschaftliche Problem in einer besorgniserregenden Realität aufgezeigt. Im Jahr 2022 sind in Deutschland deutlich mehr Fälle häuslicher Gewalt gemeldet worden als im Vorjahr. Die Behörden registrierten 157.550 Fälle von Gewalt in Partnerschaften. Das entspricht im Schnitt 432 Fällen pro Tag. Im Jahr 2021 waren es 144.044 Fälle. Der Anstieg liegt nun bei 9,4 %. Auch Bundesministerin Nancy Faeser appelliert an die heutige Generation:

> „Häusliche Gewalt ist Alltag in Deutschland. Niemand darf die Betroffenen damit allein lassen. Wir wollen die Betroffenen stärken und sie ermutigen, Taten anzuzeigen. Nur so können mehr Täter strafrechtlich zur Verantwortung gezogen werden."

Die Bundesministerin geht noch einen Schritt weiter:

> „Zu einer besseren Prävention gehört eine verstärkte Aus- und Fortbildung in der Polizei, um bei Taten schnell und sensibel zu reagieren. Gewalttäter dürfen nicht schnell wieder vom Radar verschwinden. Sie müssen nach dem ersten gewaltsamen Übergriff aus der Wohnung verwiesen werden. Das muss konsequent kontrolliert werden, damit Täter nicht schnell wieder zurückkehren. Jede und jeder Betroffene muss sich sicher fühlen können vor erneuter Gewalt."

N. Sabas, *Häusliche Gewalt*, https://doi.org/10.1007/978-3-658-44151-7_13

Doch auch, wenn ein lauter Appell an alle gerichtet ist, bleibt die Frage der eigenen persönlichen Haltung. Nur, wenn wir selbst die Ärmel hochkrempeln, Eigenverantwortung übernehmen und uns zunehmend mit dieser enorm wichtigen Thematik des Kinderschutzes beschäftigen, wird es uns gesamtgesellschaftlich gelingen, qualitativen Kinderschutz sicherzustellen. Mit dem Blick auf die wirtschaftliche Komponente der Institutionen und einem gewissen finanziellen Spielraum an Fortbildungsmöglichkeiten betone ich, gezielt den Fokus darauf zu richten, wo in den Schwerpunkten des Kinderschutzes enormer Handlungsbedarf und zwingende Handlungsnotwendigkeit besteht. Es braucht aus meiner Sicht eine vermehrte gesellschaftliche Sensibilität und eine breitere Ausarbeitung politischer Präventionsmaßnahmen, vor allen Dingen einen konsequenten Ausbau an Anti-Gewalt-Trainings für Täter, die z. B. in den jeweiligen Familiengerichten in ihrer Beschlussfassung fest verankert wiederzufinden sind.

Des Weiteren müssen hilfreiche Interventionen nach traumatischen Gewalterfahrungen, sowohl auf der individuellen als auch auf der sozialpolitischen Ebene ansetzen. Nach wie vor verhindern ökonomische Abhängigkeit und Familienideologien Frauen immer noch daran, sich aus den *Grausamkeiten Häuslicher Gewalt* zu lösen. Die Existenzängste als Alleinerziehende nicht überleben zu können, übernehmen in vielfältigen Fällen die überhand, sodass betroffene Frauen über einen langen Zeitraum hinweg in der Gewaltbeziehung verharren. Vor allen Dingen Migrantinnen aus Nicht-EU-Ländern sind in besonderem Maße von existenzieller Abhängigkeit vom Täter bedroht. Aus meiner Sicht sind Auswege und Ausbrüche möglich, wenn der Staat vermehrt vorhandene Ressourcen zur Verfügung stellt, um Frauen ökonomische und aufenthaltsrechtliche Unabhängigkeit gewährleistet und gezielte Hilfsmaßnahmen für betroffene Kinder fördert. Aus meiner Sicht, muss sich der Staat die Vaterrechte sehr genau ansehen, insbesondere in Bezug auf die UN-Kinderrechtskonvention. Erst wenn die Systemschwächsten – unsere Kinder – in ihren Bedürfnissen, ihrer Interessen ernst genommen werden und Mitbestimmungsrecht erhalten, können sie umfassend vor Gewalt geschützt werden.

Literatur

Asad, M. (2017). *Die Botschaft des Koran. Übersetzung und Kommentar*. Patmos.

Bensel, et al. (2002). *The Battered Child*. University of Chicago Press.

Bensel, J., Haug-Schnabel, G., & Aselmeier, M. (2015). *Prozessqualität in verschiedenen Formen der Altersmischung in der Kindertagesbetreuung – Macht's die Mischung?* Studie im Auftrag der Gewerkschaft Erziehung und Wissenschaft Baden-Württemberg. GEW.

Biesel, K., & Urban-Stahl, U. (2018). *Lehrbuch Kinderschutz*. Beltz Juventa.

Bock, M. (2003). *Die Kinder- und Jugendhilfe: Herausforderungen und Perspektiven*. Beltz.

Bohnert, M. (2021). *Grundwissen Rechtsmedizin: Einführung in die medizinische Kriminalistik und die forensischen Wissenschaften: Medizinische Kriminalistik und forensische Wissenschaften* (1. Aufl.). UTB GmbH.

Brückner, M. (2000). Gewalt im Geschlechterverhältnis – Möglichkeiten und Grenzen eines geschlechtertheoretischen Ansatzes zur Analyse „häuslicher Gewalt", Überarbeitete Fassung des Habilitationsvortrag am Fachbereich Gesellschaftswissenschaften der Johann-Wolfgang-Goethe Universität Frankfurt vom 26.6.2000, Frankfurt am Main.

Brückner, M. (2014). *Transformationen im Umgang mit Gewalt im Geschlechterverhältnis: Prozesse der Öffnung und der Schließung*. In B. Rendtorff, B. Riegraf, & C. Mahs (Hrsg.), *40 Jahre Feministische Debatten* (S. 59–73). Beltz Juventa.

Büchler, A. (2015). *Elterliche Sorge, Besuchsrecht und Häusliche Gewalt: Gutachten*. EBG.

Buskotte, A. (2007). *Gewalt in der Partnerschaft: Ursachen – Auswege – Hilfen*. Reinbek: Rowohlt Taschenbuch Verlag.

Buskotte, A., & Kreyssig, U. (2013). Kooperation von Kinderschutz und Frauenunterstützung: Rahmenbedingungen, Konzepte und Erfahrungen. In B. Kavemann & U. Kreyssig (Hrsg.), *Handbuch Kinder und häusliche Gewalt* (S. 265 ff). Springer.

Dölling, D., Hermann, D., & Laue, C. (2022). *Kriminologie: Ein Grundriss*. Springer.

Evans, M. A., & Saint-Aubin, J. (2008). *Eye movements of senior kindergarten children reading an alphabet book and relationship to their letter knowledge*. In M. A. Evans, (Chair), *New perspectives on young children's acquisition and application of alphabetic knowledge*. Symposium conducted at the Society for the Scientific Study of Reading, Asheville, NC.

© Der/die Herausgeber bzw. der/die Autor(en), exklusiv lizenziert an Springer Fachmedien Wiesbaden GmbH, ein Teil von Springer Nature 2024
N. Sabas, *Häusliche Gewalt*, https://doi.org/10.1007/978-3-658-44151-7

Fair, J., & Walkowiak, J. (2015). *Keine Chance für Gewalt*. Urania.

Fastie, F. (2017). *Opferschutz im Strafverfahren: Psychosoziale Prozessbegleitung bei Gewalt- und Sexualstraftaten. Ein interdisziplinäres Handbuch*. Budrich.

Hartwig, L. (2013). Auftrag und Handlungsmöglichkeiten der Jugendhilfe bei häuslicher Gewalt. In B. Kavemann & U. Kreyssig (Hrsg.), *Handbuch Kinder und häusliche Gewalt*. Springer.

Henning, M., & Schimmel, A. (2001). *Der Koran*. Aus dem Arab. übers. von Max Henning; Einl. und Anm. von Annemarie Schimmel (= Universal-Bibliothek, Band 4206), Reclam.

Herman, J. (2014). *Die Narben der Gewalt: Traumatische Erfahrungen verstehen und überwinden*. Junfermann.

Hermann, B., Dettmeyer, R., Banaschak, S., & Thyen, U. (2010). *Kindesmisshandlung. Medizinische Diagnostik, Interventionen und rechtliche Grundlagen*.

Hirigoyen, M. (2006). *Warum tust du mir das an?: Gewalt in Partnerschaften*. C. H. Beck.

Jaffe, P. G., & Geffner, R. (2002). *Children Exposed to Violence: Current Issues in Research, Intervention, and Policy*. Guilford Press.

Johnson, M. (2008). A typology of domestic violence: Intimate terrorism, violent resistance, and situational couple violence. *Gender & Society, 25*(4), 522–524.

Kapella, O., Baierl, A., Rille-Pfeiffer, C., Geserick, C., Schmidt, E.-M., & Schröttle, M. (2011). *Gewalt in der Familie und im nahen sozialen Umfeld. Österreichische Gewaltprävalenzstudie zur Gewalt an Frauen und Männern*. ÖIF Forschungsbericht.

Katzmann, K. M., Gaylord, N. K., Holt, A. R., & Kenny, E. D. (2003). Child witnesses to domestic violence: A meta-analytic review. *Journal of Consulting and Clinical Psychology, 71*, 339–352.

Kavemann, B. (2000). Kinder und häusliche Gewalt – Kinder misshandelter Mütter. *Kindesmisshandlung und Vernachlässigung, 3*, 106–120.

Kavemann, B., & Kreyssig, U. (2013). *Handbuch Kinder und häusliche Gewalt*. Springer VS.

Kelly, L., & Meysen, T. (2016). *Transnationale Grundlagen für eine ethische Praxis bei Interventionen wegen Gewalt gegen Frauen und Kinder*. London Metropolitan University.

Kerig, P. K. (1998). Gender and appraisals as mediators of adjustment in children exposed to interparental violence. *Journal of Family Violence, 13*, 345–363.

Kersten, A. (2015). *Opferstatus und Geschlecht*. Seismo.

Kindler, A. (2020a). *Handbuch Kindesmisshandlung und -vernachlässigung*. Springer VS. Wiesbaden, Deutschland.

Kindler, H. (2008). *Häusliche Gewalt: Ein Handbuch für Fachleute*. Psychiatrie Verlag.

Kindler, H. (2013). Partnergewalt und Beeinträchtigungen kindlicher Entwicklung: Ein aktualisierter Forschungsüberblick. In B. Kavemann & U. Kreyssig (Hrsg.), *Handbuch Kinder und häusliche Gewalt* (S. 27–46). Springer VS. Kitzman et al. (2003).

Kitzmann, K. M., Gaylord, N. K., Holt, A. R., & Kenny, E. D. (2003). Child witnesses to domestic violence: A meta-analytic review. *Journal of Consulting and Clinical Psychology, 71*(2), 339–352.

Lempp, R. (1986). *Familie im Umbruch*. Kösel.

Liel, C., & Hainbach, S. (2013a). Die Folgen für die Kinder als Thema in der Täterarbeit. In B. Kavemann & U. Kreyssig (Hrsg.), *Handbuch Kinder und Häusliche Gewalt*. Springer Fachmedien.

Liel, C., & Hainbach, S. (2013b). Arbeit mit Vätern bei häuslicher Gewalt: Wie berücksichtigen Täterprogramme die Themen Vaterverantwortung und Kindererziehung? In

B. Kavemann & U. Kreyssig (Hrsg.), *Handbuch Kinder und häusliche Gewalt*. Verlag für Sozialwissenschaften.

Mertens, B., & Pankower, S. (2011). *Kindesmisshandlung*. Ferdinand Schöningh.

Müller, U., & Schröttle, M. (2004). *Lebenssituation, Sicherheit und Gesundheit von Frauen in Deutschland. Eine repräsentative Untersuchung zu Gewalt gegen Frauen in Deutschland. Zusammenfassung zentraler Studienergebnisse*. Bundesministerium für Familie, Senioren, Frauen und Kinder. Berlin.

Sabas, N. (2022). *Geheimhaltung – Sexueller Missbrauch*. Springer.

Schuler, M. (2022). *Überleben als Lustbefriedigung: Gedankenspiele zu Sigmund Freuds Drei Instanzen-Modell mit Hinzufügen der Moral*. BoD – Books on Demand.

Strasser, P. (2013). *Kinder legen Zeugnis ab. Gewalt gegen Frauen als Trauma für Kinder*. Studien.

Textor, M. R. (1990). *Familien: Soziologie, Psychologie: Eine Einführung für soziale Berufe*. Lambertus.

Walker, L. E. (1994). *Warum schlägst du mich?* München. (Original erschienen an der University of Denver, Colorado, USA, „The battered woman", New York, 1979).

Wallerstein, J. S., & Blakeslee, S. (1996). *Gewinner und Verlierer. Frauen, Männer, Kinder nach der Scheidung. Eine Langzeitstudie*. Kroemer Knaur.

Ziegenhain, U., & Fegert, J. M. (2020). *Klinikmanual Kinder- und Jugendpsychiatrie – und psychotherapie*. Springer.

Verzeichnis der Internetquellen

Bundesministerium für Arbeit und Soziales. (2021). https://www.bmas.de/DE/Soziales/Soziale-Entschaedigung/Opferentschaedigungsrecht/opferentschaedigungsrecht-art. html. Zugegriffen am 25.09.2023.

Bundesministerium für Familie, Senioren, Frauen und Jugend. (2021). https://www.bmfsfj. de/resource/blob/95364/b8e655a98504ca7aa3e3cc4e1b7e16c0/standards-taeterarbeit-haeusliche-gewalt-data.pdf. Zugegriffen am 30.09.2023.

Bundesministerium für Familie, Senioren, Frauen und Jugend. (2022a). https://www.bmfsfj.de/bmfsfj/themen/gleichstellung/frauen-vor-gewaltschuetzen/hilfe-und-vernetzung#:~:text=In%20Deutschland%20stehen%20gewaltbetroffenen%20Frauen,Fachberatungsstellen%20bei%20Gewalt%20gegen%20Frauen. Zugegriffen am 15.06.2023.

Bundesministerium für Familie, Senioren, Frauen und Jugend. (2022b). https://www.bmfsfj. de/resource/blob/202386/3699c9bad150e4c4ff78ef54665a85c2/grevio-evaluierungsbe-richt-istanbul konvention-2022-data.pdf. Zugegriffen am 29.07.2023.

Frauenhauskoordinierung e.V. (2023). https://www.frauenhauskoordinierung.de/themen-portal/istanbul-konvention. Zugegriffen am 29.06.2023.

Groenemeyer. (2002). https://www.bmfsfj.de/resource/blob/185888/804264351973903018ba21 3d1bd73a5a/kindschaftssachen-und-haeusliche-gewalt-data.pdf. Zugegriffen am 07.07.2023.

MIX
Papier aus verantwortungsvollen Quellen
Paper from responsible sources
FSC® C105338

If you have any concerns about our products,
you can contact us on
ProductSafety@springernature.com

In case Publisher is established outside the EU,
the EU authorized representative is:
Springer Nature Customer Service Center GmbH
Europaplatz 3, 69115 Heidelberg, Germany

Printed by Libri Plureos GmbH
in Hamburg, Germany